学力テスト全国最下位からの脱出

沖縄県学力向上の取組み

諸見里　明［著］

学事出版

はじめに

平成一九年度に実施された第一回全国学力テストにおいて、全国最下位という結果に沖縄県は大激震に見舞われた。いわゆる「H19ショック」である。全国学力テストで全国最下位ということは、とりもなおさず、沖縄県の子どもたちは全国一学力が低いということにほかならない。それ以来沖縄県は、全国学力テストに翻弄されてきた。

全国最下位になったらどうしよう。県内の学校関係者の多くが当初から心配を募らせていた。それが現実だと悟った衝撃は計り知れなかった。

若い頃本土で生活した経験のある私たち大人の世代にある者には、ふと頭をよぎった苦い体験があった。それは、蔑視と偏見である。「沖縄県の人って学力が低いのよね」という会話を耳にした時のやるせなさがいまだに身体中に残っている。

しかし、そんなことは決してない。沖縄県と本土の子どもたちにおいて、知能の善し悪しに差異などは微塵もないはずだ。私のこの思いだけは決して譲ることはできなかった。

本書において、私が伝えたかったことの一つは、この学力の問題に加えてその背後に潜む貧困の問題である。学力と貧困、この両者こそは多くの教育学者が説くように高い相関関係を示す。そして、全国学力テストに付随して行われる学習状況調査でもその相関性はエビデンスとして明示された。

「それじゃあ、県民所得が全国一低い沖縄県はいつまでも全国最下位から脱出できないのではないのか」

第一回目の全国学力テストから六回連続も全国最下位を脱し得ない沖縄県は、その呪縛から抜け出すことができないでいた。学力の問題を県民の貧困のせいにしてきた教員も少なくなかった。全国最下位に留まることについても、いつのまにか諦めムードが漂っていた。このままではいけない。何とかこの風潮を打破しなければ……。

私は、県教育長に就任すると、この学力と貧困の相関性の問題に真正面から挑む決意をした。私たち教師は子どもたちの学力の問題を学校外の要因に転嫁するべきではない。貧困や家庭状況のせいだとは絶対に口にすべきではない。学力の問題とは、第一義的に学校自身の問題なのだ。問題の本質は学校現場にしかない。私がとった行動（施策）とは県内小学校をくまなく行脚して、学校意識の変革を促すことであった。

本書では、前半部で全国学力テストに対する問題意識や秋田県視察から学んだこと、後半部では、学校訪問に至るまでの経緯や学校訪問を実施してきた成果を私の想いを踏まえて整理してまとめてみた。

学校意識が変革したとき、子どもたちは私たちの想定をはるかに超えて大きく成長する。

県教育長に就任した翌年の平成二六年度に沖縄県は悲願の全国最下位を脱出した。小学校総合において全国二四位へと大躍進を遂げる。算数では全国六位だ。平成二七年度は小学校総合で全国二〇位。平成二八年度全国一三位へとさらなる躍進を遂げる。その年の算数Aでは全国四位である。同二九年度には、全国二一位。同三〇年度には全国一七位。令和元年度には全国六位である。

この学力向上運動を通して得た結論とは、子どもたちを教育することにおいて、不可能という言葉はないということ。すべては学校意識の持ち様にある。本書は、それを教育行政という立ち位置から敷衍《ふえん》してみたものである。

本書が、多くの学校教育関係者（教育委員会関係者を含む）、保護者や後輩教師等の参考になればこれ以上の喜びはない。

令和二年三月　　諸見里明

目次

第3章　最下位脱出の先頭に立つ——沖縄県教育委員会教育長に就任——……81

第4章 全国最下位と県議会

第5章　学力向上推進室の設置に向けて……123

第7章 全国最下位からの脱出

プロローグ　第一回全国学力テスト結果の発表―全国最下位の衝撃

1　全国高等学校普通科校長会の会場にて

平成一九年一〇月二五日。私は、全国高等学校普通科校長会（第五七回研究協議会）への参加のため、会場となる東京都の日比谷公会堂に向かっていた。

日比谷公会堂あたりは、赤や黄色、橙色などに美しく彩り始めた樹木が清々しい日差しに映えて、行く秋の残り少ない時間を楽しんでいるようにも感じられる。四季への移ろいが曖昧で、紅葉する樹木の少ない南国沖縄からしてみれば、秋麗を肌で感じることのできる格好の日和だ。

公会堂前は、全国の高等学校校長たちが集っていて、ごった返すほどに埋めつくされている。私は会場入り口近くで、沖縄から参加した何名かの校長たちに合流する。沖縄からの参加者といっても、沖縄県内では頻繁に顔を会わすわけでもないので、東京で再会した久しぶりの面々に会話のトーンも一段と跳ね上がっていくのを感じる。私たちは、しばらく雑談を交わした後、会場に入っていった。

会場ではあちらこちらに二～三名から十数人規模の集団ができていて、よもやま談義に花を咲かせている。私たちは、その合間を縫って、場内入り口中央部付近の会場受付に向かって進んだ。

受け付け場には、五～六台の横長テーブルが設定されており、四七都道府県をブロック別に分類している。テーブルには、予《あらかじ》め参加を登録した名簿表が備わっていて、その傍らにはB４判の袋に詰め込まれた厚めの会議資料が並べられている。私たちは、「九州・沖縄」と掲示された受付に進み、資料を受け取って会場に入っていった。

沖縄県から参加の数名の校長が、指定された所定の場所に席を取っている。私たちは、開会式までしばらく間があるので、沖縄から参加の校長たちと談笑に耽《ふけ》っていた。久しぶりの東京なので、沖縄勢はみんな浮き浮きとしている。

周りを見渡すと、明るく談笑している私たちとは対照的に、本土の各県から参加してきた校長たちの談話する表情がやけに硬くて重々しい。しばらくして、隣接する九州各県の参加者たちの交わす重々しい議論が耳に伝わってきた。どうやら、全国学力・学習状況調査（以下「全国学力テスト」という）の結果が、文部科学省から発表されたらしい。全国で一位は秋田県で二位は福井県、三位は香川県と聞こえてくる。自分の県は何位だとか話し合っている。

2　全国最下位の衝撃

そんな時、遅れて参加してきた一人の校長が、私たちの掛ける横列の空いた端の方に着席してきた。若干、前かがみになりながら紅潮した面持ちで、こう切り出した。

「全国学力テスト結果が文部科学省から公表された」

声は抑え目だがしっかりとしたトーンで言い切った。

「沖縄県は、全国最下位！」

一瞬、沖縄勢の校長たちの顔に緊張が走った。私も、ことの重大さを認識するかのように唾を飲み込んだ。沖縄県から参加者の誰もが、その切り出した校長の目をのぞき込んだ。五〜六席ほど離れた席に掛けている校長にもこの話題が耳に入ったらしく、上半身を私たちの方向に向き直すと、やや前かがみになりながら、目を見開いて私たちの話題に聞き入ってくる。私たちの談笑がピタリと止んで、しばらくの間、沈黙が続いた。

全国学力テストは、そろそろマスコミ等でその結果が公表される時期だろうとは聞いていたが、まさか、今日だという認識は誰も持っていなかった。全国学力テストの対象が小・中学校だということもあって、県立高校の校長たちは、成績結果の公表日までは覚えていなかった、というのが本心だろう。

「小学校の部で、第一位は秋田県。二位は福井県。三位は香川県」

「沖縄県は、小学校も中学校も全科目で全国最下位」

衝撃であった。激震と言ってもよい。私は高校の校長であるが、本県の小・中学校の子どもたちの成績である。校種は違えど、同じ沖縄県内の学校長であるだけに、誰もが無関心であるわけにはいかない問題だ。彼らはいずれ高校に入学してくるのだから。

「全国最下位か〜!」

「沖縄県内の子どもたちの学力は、全国と比較して決して高くはないだろうとは思っていたが、さすがに全国最下位はショックだなぁ」

「うーん……。やっぱり、最下位か〜!」

誰かが発した「やっぱり」という言葉に、みんなが我にかえった。

そうなんだ。文部科学省から全国学力テストが実施されると聞かされた時から、みんな何となく恐れていたことなのだ。それが、現実だと認識するに及んで、さらにショック度が増したのだ。

「全国最下位県とレッテルを貼られるのかぁ」、正直言って、それだけは何よりも避けたかった。

全国校長会という大会場で、参加した校長たちは一様になすすべもないまま茫然自失に陥っていた。千名は優に超えるだろうと思われる校長が、会場内にブロック別に指定された都道府県ごとに席を並べている。間もなく定刻となり、開式の辞が告げられ、続いて主催者となる全国高等学校校長会会長があいさつに立った。

3　文部科学省への憤り

私は、おもむろに目を閉じて深いため息をついていた。頭の中は、先ほどの全国学力テスト全国最下位の衝撃が、こだまのように鳴り響いていて、とても会長あいさつなど耳に入らない。

「沖縄と本土の子どもたちとの学力は、かくも違うのか」

私は、県内の高校を卒業するも希望する大学に受からず、東京に出て浪人生活していた頃の時代に思いを馳せていた。都内の予備校に通っていた頃、そこで知り合った同じ世代の本土の友人たちと私との学力レベルに大きな隔たりがあるのを思い出していた。

「学力差は、今に始まったことではないのではないか」

「沖縄県の子どもたちの学力が、全国に比してどん尻なのは文部科学省も重々承知していたはずだ」

「それを、あえて全国学力テストで炙り出しのように浮き彫りにして公開し、全国にさらけ出すのはいかがなものか」

そんな時、会場内の拍手でふと我に返った。はるか異次元を彷徨《さまよ》っていた魂が瞬間移動して体内に戻ってきたように感じた。主催者側へのあいさつに対する拍手であった。私は、資料に記されている式次第を目で追って、次の来賓のあいさつが文部科学大臣であることを視認した。

進行係は、大臣が別公務のため来場できない旨を紹介し、代理として文部科学省初等中等教育局長があいさつすることをアナウンスしている。あいさつでは、本日マスコミ報道された全国学力テストについても言及している。全国学力テストの趣旨は、都道府県の競争意識を煽るようなものではなく、「義務教育の機会均等とその水準の維持向上の観点から、全国的な児童生徒の学力や学習状況を把握するもので、あくまでも学校における児童生徒への教育指導の充実や学習状況の改善等に役立てて」もらうようにするためだと話している。

それを聞いて、激しい怒りが込み上げてきた。そんなことは、「建前だけだろう」。都道府県の順位など開示せず、どこどこの県は全国で何番だと、こっそりと示してもちっとも支障はないのではないか。

「勝手な屁理屈など並べやがって、この大馬鹿野郎〜！」

「全国最下位の沖縄県は全国への見せしめではないのか」

「これが文部科学省の考える教育か〜！」

第1章　全国学力テストと沖縄県

1　学力とは何だろう

全国学力テストの試験科目は、小学校の部（小学校第六学年対象）で算数と国語。中学校の部（中学校第三学年対象）で数学と国語の二教科だけだ。算数・数学も国語も科目としては主に知識を問うA問題と、その知識の活用や応用力を問うB問題に分かれてはいるが、教科としては実質二教科だけに過ぎない。

果たして子どもたちの学力とは、この二教科だけで測れるものなのか。何を持って学力とするのか、それも不問のままだ。学力とは、実に多様な範疇を有しているはずだ。一口に基礎知識と言っても、英語、数学、国語、社会、理科、体育、音楽、技術家庭、道徳等はもとより一般的な社会常識など多岐に及ぶし、それに加えて、応用力にしても思考力、判断力、洞察力、創造力、表現力、技能力、運動能力などとても言葉で表現できないほど多岐にわたる人間の諸能力の総体が学力に該当するはずだ。学力とは、決して二つの教科だけで測定されるものではない。

公教育において学力テストという名目で、しかも七〇数億円もの巨額の税金を投入して、全国的に競争を強いるのはいかがなものか。さらに、全国の教育行政を司る文部科学省が、公教育において各都道府県の成績結果を公然と知らしめること自体、大きな議論の出るところであろう。

学校教育とは、確かに知識を教授する場である。しかしながら、学校教育の全てにおいて、知識のみを教えるわけでは決してない。知識はあっても、体や心の健康を害しているのであれば、どれほどの有益さがあるのだろうか。さらに、徳育の欠如する知識となれば、それは人として弊害にさえなりかねない。

　人と人との絆や繋がりの中で生きていくことの大切さ。優しさやあたたかさ。生きとし生けるものの全てを慈しむ心。両親への敬愛や年配を思いやる心。愛情や友情。協調性。公序良俗。社会的規範やルールを守ること等々、こうした「教育の不易」を育むことは、ことさらに重要である。

　こうした教育を実践していく中で、子どもたちは人格を陶冶していくのである。そして同時に人生を開拓する資質能力を子どもたちに宿させていかなければならない。学校教育とは人を育てるところであり、人間としての生き方あり方を学ぶ場でもなければならないのだ。

「教育基本法」第1章第1条にも明示されているように、「教育の目的」とは「人格の完成」にある。教育のまさに一丁目一番地の定義だ。そうであれば、教育の持つこの「不易」の領域をいかに教えるかが問われてくる。学校教育とは、人格形成の場にほかならない。

　本県の子どもたちは、明るく純朴でとても人懐っこい。そして、みんな郷里である沖縄が大好きだ。郷里の文化をとても大切にしている。〝いちゃりばちょーでー〟（沖縄の島言葉《しまくとぅば》。出会《いちゃり》ば兄弟《ちょーでー》‥「一度会えばみんな兄弟」の意味）や〝なんくるないさ〟（「なんとかなるだろう」）という県民風土をよく反映していて、出会いをとても大切にしている。そして割とのんびり屋でもある。こうした風土性こそが、沖縄県の子どもたちの良い一面をも形成している。また、人間関係を大切にしたり、お年寄りや困っている人などを助けようとする思いやりや優しさも強い。人間性というこうした一面も、文部科学省は数値化して公表すべきではないのか。学力だけが、学校教育の評価のものさしではないはずだ。

2　県教育長への思い

この結果を聞いた時に、沖縄県の仲村守和県教育長の姿が、瞼に浮かんできた。仲村県教育長は、自県の子どもたちの学力が全国最下位という成績結果を全国に曝《さら》け出されて、どういう心境にあるのだろうか。今頃、教育長室内には、義務教育課の課長や担当指導主事たちが落胆した思いで参集し、憂鬱な面持ちで新聞報道のトピックを取り上げて意見を交わしているに違いない。私は、優しくて部下を思いやり、かつ芯のしっかりした仲村県教育長を慮った。よりによって、そんな仲村県教育長の時代にこんながっかりする結果が浮上するなんて……。

県教育庁（＝県教育委員会事務局のこと）はかなり落ち込んでいるに違いない。深刻な面持ちで、このやるせない現実に、あれやこれやと議論し合っているに違いない。いや、教育庁だけではない。学校関係者、特に小・中学校の学校関係者は真っ青になっているだろう。全県民が衝撃を受けていることだろう。

私の頭の中は、本土の子どもたちに対して劣等感を抱いていた幼少の頃の思い出が駆け巡っていた。全国最下位だというレッテルを貼られた沖縄県の小学校六年生や中学校三年生の子どもたちの、これからの行く末に心を痛めていた。

この子たちは、いずれ本土に出ていく。大学であろうが就職であろうが、かなりの生徒が東京・大阪等大都会へと繰り出していく。県外に出たこの子たち―沖縄県出身者は、頭が悪いと言われて、バカにされないだろうか。本土の人たちに対して劣等感を持たないだろうか。さらに心を締め付けられるのは、「差別されないだろうか」という思いであった。

3 宿命的なレガシーとしての学力問題

沖縄県の子どもたちの学力が、本土の子どもたちと比べるとかなり低迷しているのは、県内外において、従来より公然の事実でもあった。

第二次世界大戦後、戦争に全面敗北した日本は、国の独立と引き換えに、沖縄県をアメリカ統治下に置かざるを得なかった。アメリカ統治下から沖縄県の本土復帰が実現するまでの間、日本国政府は、国費留学制度や私費留学制度を創設して、難関な国立大学に入学できるような特別な措置を講じた。このような制度は、沖縄県の当時の学力レベルでは、本土の難関な国立大学には入れないような高校生徒を、特別措置によって救済するものであった。もちろん沖縄県内ではトップレベルの生徒ではあるが、本土の高校生の上位レベルとはかけ離れたものであった。それを法的な制度を創設して入学させたのである。

沖縄県の学力の低迷ぶりは、何も戦後だけでもなかった。第二次大戦以前からも歴然としていた事実だ。否、昭和時代から遡《さかのぼ》って、大正から明治期に至るまでずっと変わらないはずだ。学力という問題は、むしろ、琉球王国が薩摩藩に侵略され、二七〇年間にも及ぶ薩摩藩への隷属に始まる宿命的なレガシー（遺産）でもあった（章末のコラム参照）。

4　全国最下位と県内新聞紙

沖縄に戻った私は、すかさず新聞に目を通した。沖縄県内で双璧となる沖縄タイムス、琉球新報の両新聞紙は、文部科学省から発表された当日はもとより翌日にも全国学力テストの結果について、教育・社会面等を問わず何ページにもわたって特集を組んでいた。ちなみに、発表当日の二〇〇七年一〇月二五日付ではタイムス紙で五面、新報紙では八面にもわたって掲載している。

全国最下位について、文部科学省の分析や有識者の論説、及び本県教育行政の取組の甘さに対する批判など多岐にわたっていた。逆に言えば、県民がそれだけ大きな反響に包まれていたとも言える。

文部科学省から発表があった翌日の新聞では次のような記事も掲載されている。

『子どもの力が劣っているわけじゃない。沖縄社会の問題をそのまま反映しただけだ』

那覇市内の四十代の小学校教諭は、全国学力テストの結果を冷静に受け止めた。朝食抜きで登校、給食だけがまともな食事、二十代の親はほとんど収入がなく、養育放棄状態……。現任校でも前任校でもそんな児童を何人も見てきた。

今回のテストで、就学援助を受けている子どもが多い学校ほど正答率が低い傾向が示され、親の所得と子の『学力』の関連性が明確になった。

全国で最も所得が低く、失業率や離婚率が最も高い沖縄では、不安定な家庭環境の子が多い。『低正答率の大きな要因は家庭にある』というのが関係者の共通認識だ。

別の教諭は『県を挙げての学力向上対策というのなら、親の賃金水準や労働条件も含めた社会全体の見直しが必要。大人社会が変わらなければならない』と力を込める。

今回の学力テストで、県内の無解答率は全国の二倍に上った。『何か書けば当たるかもしれない』という期待さえ持たない子どもたちの姿が浮かび上がる。

（沖縄タイムス紙二〇〇七年一〇月二六日付第一面）

5　全国最下位と教育庁の対応

沖縄県教育委員会は、今回の全国最下位を受けて、新たな対応を迫られていた。近いうちに、教育庁内において「学力向上推進本部会議（仮称）」を立ち上げると、当時の仲村県教育長は明言していた。

その翌年の平成二〇年には、私は教育庁保健体育課長に任命された。この年も、四月中旬に全国学力テストが実施された。仲村県教育長の指示により、教育庁内には「学力向上推進本部会議」が立ち上がっていた。「学力向上推進本部会議」では、県内幼児児童生徒の学力向上に向けて、教育庁がなすべきこと。各教育事務所がなすべきこと。市町村教育委員会がなすべきこと。そして、市町村立幼・小・中学校がなすべきことを明示した。

教育庁としては、学力向上に係る指針を策定し、学力向上施策として全国学力テスト全国平均並みを目標に『学力向上指導の努力点』の刷新や既刊の『夢にぬふぁ星プラン』も大きく改訂する方向性を示すなど多岐に及んでいて、現場の小・中学校を鼓舞すべく多くの文書を発出していた。

その年の五月には、平成二〇年度の第一回「学力向上推進本部会議」が開催された。教育指導統括監を議長に、県立総合教育センター所長、教育庁内指導四課（義務教育課、県立学校教育課、保健体育課、生涯学習振興課）の各課長、県内に六つある教育事務所長等が委員となっている。私も、保健体育課長として委員の一人であった。

「学力向上推進本部会議」では、それぞれの委員が児童生徒の学力向上に向けて、各所属の取組状況を詳細に報告する。それから、前年度の全国学力テストを念入りに分析し、本県児童生徒の課題とされるいくつかの要点が明示された。今年度の全国学力テスト問題の傾向等も解析された。

6　第二回目も全国最下位となった衝撃

平成二〇年八月二九日。第二回目となる全国学力テスト結果が文部科学省から発表された。またしても、小・中学校ともに全教科・全科目において全国最下位であった。発表された翌日の朝刊（八月三〇日付）には、一面トップで「沖縄再び最下位」という見出しが躍っていた。

前年度と同様、数ページにわたり、本年度実施の問題の分析や、本県児童生徒の特長や難点などが詳細に分析されている。大学教授等有識者の意見や分析も紹介されていた。

二年連続の全国最下位は、予想していたとはいえ、教育庁内には落胆の声が漏れ出していた。人間というのは不思議なもので、予想とは裏腹に、そうでない結果があるのかもしれないという思いは常に持っているものだ。前回は全国最下位であったが、たまたま全国最下位となったのであって、ひょっとしたら今回は全国最下位を脱していて、二〜三位上がっているかもしれない、という一縷の望みを持っていた。それが微塵に打ち砕かれた瞬間でもあった。

二年連続ということは、いよいよ沖縄県の児童生徒が全国最下位の学力レベルしかないのだと諦めざるを得なくなった。私は第一回の時と同様、文部科学省が全国順位を発表することに大きな憤りを募らせていた。

「これはもう沖縄県の児童生徒の学力の低さを全国に周知させるもの以外の何物でもない。文部科学省は沖縄県民への差別意識を全国的に助長しているのではないのか」

第一回目の全国最下位から時が経つにつれて、文部科学省への怒りは鎮まりつつあったのだが、二度目の現実を突きつけられるにいたって、怒りが再醸成されていく。前年度の第一回目の全国最下位と同様に、再び文部科学省に対する私の憤りが沸騰し始めていた。

仲村守和教育長は、二年連続全国最下位の報を受けて、教育庁内に「学力向上推進プロジェクトチーム」を設置することを明らかにした。同チームは、庁内の指導主事ら十人で構成され、「学力向上主要施策」の改訂や「形成的評価テスト」を実施して小・中学生の学習達成状況を細かく分析

琉球新報、沖縄タイムス提供

して今後の施策に反映させたいとしている。

また、全国学力テスト第一位となる秋田県との教員人事交流を開始した。

さらに、文部科学省に対して、学力調査官らによる研究授業を実施することや教員を増やす加配措置を要請する意向であることを示した。

全国最下位が県民に与えるショックは、計り知れなかった。教育庁内において全国学力テストを所管する義務教育課内には、県民から多くの苦情の電話が殺到していた。

「二年連続全国最下位とはどういうことだ」「沖縄県民として恥ずかしい」「お前らは、仕事しているのか」「もうこれ以上、本県の子どもたちを貴様らには任せておけない」「子どもたちがかわいそうに思わないのか」「県教育委員会の職員は全員辞表を書いて辞めろ」等々。

抗議の電話を受けた義務教育課の指導主事たちは、沈痛な表情を浮かべながら怒り心頭に発する電話の主への返答に言葉を詰まらせていた。

〈コラム　沖縄の歴史と教育〉

●琉球王国と薩摩藩の侵略

この機会に沖縄県の歴史を端折りながら紹介しよう。

かつて琉球王国（一四二九年～一八七九年）は、海禁体制を敷いていた中国（明朝時代）やマレーシア等東南アジア諸国と、日本との中継貿易で潤っていた。琉球史の中で「大航海時代」（十～十四世紀頃）と位置づけられる頃には、かなりの繁栄があったと思料される。小さな島国から成り立つ琉球王国は、絶大な覇権を誇示する中国を巧みに活用して、朝貢を交わした冊封体制の下で繁栄していた。

ところが、そんな琉球王国に薩摩藩が襲いかかる。三千人の薩摩藩士を前に、鉄砲などの武器を持たず、平和な生活に埋もれていた王国は、なすすべもなく十日間で簡単に制圧された。一六〇九年のことだ。

王国は完全に薩摩藩の隷属下に敷かれていく。薩摩藩は冷徹にして智略に富んでいた。琉球王国を武力制圧したことが中国に漏れないように厳重な秘匿を図って、琉球と中国との冊封体制を維持させながら、琉球の儲けを思う存分に略奪していったのだった。

王国体制を維持しながらも、かつ薩摩藩への年貢も、微に入り細に入り徴収されるわけだから、王国の農民たちは極端なまでの貧民下に追い込まれていった。

琉球王国は、薩摩藩による過酷とも言える収奪体制の下で、疲弊に喘ぐ農民からの年貢や中国や東南アジアとの貿易による利益――こうした年貢や利益もそのかなりの割合が薩摩藩に徴収されてしまうのは言うまでもない――で、かろうじて王国体制を維持していく。

こうした状況は、江戸幕府期から明治維新期のいわゆる「琉球処分」までの二七〇年間も続いていく。幕末から明治維新期において、当時最新鋭の兵器を装備し、明治政府樹立への立役者となる薩摩藩の栄光の陰には、こうした琉球王国という礎があったのは紛れもない史実である。

●優秀な日本国民

幕末から明治初期にかけて欧米列強は通商を目的に次々と日本に入り込んできた。アヘン戦争後、中国を分割統治下に敷いた列強は、日本への覇権を目論んで、虎視眈々と日本をねらってくる。

開国によって目覚めた日本は、徳川幕府を倒して維新政府を樹立する。約七百年間も続いてきた武家体制は終焉を迎え、日本は貪欲に欧米文化を吸収し産業革命を遂行していく。

当時、日本に入ってきた列強が一様に驚嘆したのは、日本国民の優秀さにあった。江戸や大阪はもとより、津々浦々の国民が、読み書きができ、ある程度の算術までこなしていることに列強も驚愕の念を寄せた。日本に来航したペリーは「この国の教育水準はすごい。いつかアメリカの強力な競争相手となるだろう」と口にしたと言われる。

当時の世界の覇権を誇っていたあの大英帝国(イギリス)においてさえも、識字率は国民の二割程度でしかなく、フランスも一割程度でしかなかった。読み書きとは、貴族層など一部特権階級の専有であったからだ。

こうした日本国民の優秀さを支えたのは、幕藩体制の下での藩校や庶民層を対象に日本中を席巻していた寺子屋等の存在だ。幕末期の状況を掘り起こしてみると、寺子屋数は全国的に一万五千以上も存在していた。江戸だけでも優に千を超えていただろうとされる。京都の「竈金《かまどきん》」のように、地域が一丸となって教育に勢力を注いでいるのも珍しいことではなかった。

国民は貪欲に知識・技能を吸収していく。欧米が百年以上もの歳月をかけて成し遂げた産業革命を、日本で三〇~四〇年で成し遂げることができた背景には、このような日本国民のずば抜けた優秀さがあった(余談になるが、当時の世界に、現在OECD先進諸国で実施されているPISA〔OECD諸国生徒の学習到達度調査〕があったのであれば、日本は疑いなく世界一の成績であったに違いない)。

富国強兵・殖産興業という国民的なスローガンの下で、日本は日清戦争に勝利し、続く日露戦争もその手中に収めたように、破竹の勢いで列強の仲間入りを果たしていく。

●明治維新期の沖縄県民

一方、その時代の沖縄の状況はどうだろうか。当時沖縄県令（県知事のこと）二代目となる上杉茂憲《もちのり》は、明治一四年に県令就任後、県内をくまなく巡察し、当時の県民の窮状を「上杉県令沖縄県巡回日誌」（明治一五年）において綴っている。

「農民の家屋は、細い丸木を柱として、茅草で屋根を葺き、かろうじて雨風をしのいでいる。たいてい二～三間（5・4m～7・3m）角の小屋で、四方の壁は茅と竹で、軒は地面からようやく三～四尺（91cm～121cm）の高さ、床がなく土間のみである。一戸あたり五～七人が鶏、豚、牛や山羊と同居し、蚊やあぶにも刺されるまま。芋を食い、着物は粗末で、雨に濡れ、日にさらされ、はきものはなく、家にひきこもって、ただ時々泡盛を飲むのを無上の歓楽としている。平民でもイロハのイの字を知るものもなく自分の姓すらかけない。各々の負担する税額も知らず、ただ村役人の言うがままに銭や米、粟などをおさめるだけ。

世間にはもっとよい生活ができる国もあることを知らないみじめな生活をしていて、それでいて自分のみじめさがわからない。三七万人の農民が数百の士族を養っているありさま」（『沖縄県史・上杉県令沖縄県巡回日誌』「沖縄県上申」。高橋義夫著『沖縄の殿様』より）

人頭税の課された宮古島等先島諸島では、まさしく悲惨を極めていた。

こうした実情は、沖縄本島ならどこにでも見られた光景であった。数百の士族の中でも、果たして、読み書きに勤しむことのできた裕福な士族（さむれー）たちは、どれくらい存在したのだろうか。この「県令日誌」にあるような極貧の辛酸を舐めていた一般県民なら言わずもがなのことだ。

それにしても、この「上杉県令巡回日誌」は明治一五年のことだ。日本が列強の仲間入りを実現しようとしていた、まさにその時期においてさえ、沖縄県民には、読み書きとははるか彼岸の出来事でしかなかった。貧困と学力とは、むしろ、歴史的・構造的に内在化させられていたのだ。

あまりに貧困さの故に、とてもとても教育どころではなかった。ちなみに、明治期の当時の県庁職員や県内小学校等の教員は、すべからく他都道府県の出身者で占められていた。

歴史を悔やんでもしようがないことではあるが、琉球王国を侵略し隷属化に置いた薩摩藩が、せめて自藩民のように琉球王国民にも教育に力を注いでいてくれたのならば、沖縄はもっと異なる歴史を歩んでいけたのかもしれない。

●沖縄の貧困と歴史

沖縄の歴史を紐解いていけば、沖縄の問題とは貧困の問題に帰着する。廃藩置県前後の一連の「琉球処分」によって、琉球王国は、沖縄県として正式に日本国家の一員となる。沖縄の貧困とは、それ以前から引き継がれ、明治維新後も相変わらず引き継がれていく負の遺産でもあった。

日本の植民地化を虎視眈々と狙っている欧米列強を打破するためにも、富国強兵策・殖産興業策を火急の課題とする、そんな時代の日本国に、沖縄の貧困と真摯に対峙する余裕などなかった。飛ぶ鳥をも射落とす勢いで列強の仲間入りを果たす日本に、沖縄県は、全てにおいて追い付いていくのがやっとの状況であった。

第二次世界大戦。沖縄戦は凄惨を極めた。雨あられのように降り注いだ砲弾や銃弾は「鉄の暴風」とも形容される。陸地は焦土と化した。終戦後、烏有《うゆう》に帰した沖縄ではあったが、復興の緒に就くことさえもままならなかった。戦争に勝利したアメリカ軍が、真っ先に手をつけたのが米軍基地の確保であった。激戦を生き存《ながら》えてきた住民に待っていたのは、強制収容所である。有刺鉄線で囲われた収容所に住民を集めている間に、アメリカ軍は、県内の最適地を米軍基地として確保する。

アメリカによる植民地支配は、実に二七年間にも及ぶ。沖縄は、日本国憲法はもとより教育基本法からも蚊帳の外にはじき出されていた。辛酸を舐めてきたアメリカ支配に終焉を迎えるのが一九七二年。宿願としてきた祖国復帰が実現する。そんな沖縄県に政府は手厚い復興政策を施した。沖縄の復興に対して、政府は真摯に対応した。

以後、沖縄県は目覚ましい発展を遂げる。道路、港湾、農業基盤などの社会インフラ、そして学校、病院、公営住宅等の公共社会施設などは、全て本土並みに整備され、復帰前後の頃の沖縄とは、比肩されないほど県民生活も格段に向上した。

一方、こうした状況下においてさえも、依然として大きな課題となって引き継がれて来たのが貧困の問題なのだ。その点は後段において詳述する。

学力と貧困。この両者は多くの教育学者が説くように、高い相関性を示す。県民所得が全国一低い沖縄県は、全国一学力が低い。これは、如何ともしがたいものなのだろうか?

第2章　学力向上への第一歩
秋田県から学ぶ

1　県立総合教育センターと出前講座

私は保健体育課長の次に県立学校教育課長を二年務めた後、教育指導統括監を一年務め、県立総合教育センター所長に就任した。

県立総合教育センターは、七〇人程度の所員を擁し、「総務班」、「教育経営研修班」、「教科研修班」、「特別支援教育班」、「ＩＴ教育班」、「産業教育班」の六つの部署に分かれていて、所員がそれぞれの業務に勤しんでいる。また、学校現場から、中・長期にわたる多くの研修員を受け入れていて、業務もかなり多忙である。

私は学校現場から、指導主事等として行政職（県立総合教育センター）に配属された先生方の実施する出前講座をよく見に行った。出前講座は、私の前任者である喜納眞正所長の頃に、指導主事の業務として体系化されたもので、学校現場からの要請に基づいて出前の講座等を提供する。

当時の教育センターでは、このような学校現場に出向いて実施する総出前講座数が、年間千回を優に超えるほどこなしていた。現場から人気があって派遣要請の多い指導主事ともなると、一人で年間に三〇～四〇回以上の出前講座を受け持っており、所長としても大変なご苦労があることを認識していた。

私はそういう出前講座を頻繁に視察しに行った。指導主事たちの出前講座を見て感銘したのは、彼らが非常に優秀だということであった。当該学校の子どもたちの学力や課題等を多方面から分析し、新しい学習指導要領に則り、指導の要点を押さえた授業方法、発問や解の引き出し方、板書の構造化など私自身が出前講座に引き込まれていったものだ。

ここで私は、いつも疑問に思った。

「学校現場では、こうして授業力向上に努めている。それなのになぜ、いつまで経っても子どもたちの学力は全国最下位なのだろうか。そろそろ先生方の授業力が向上してきているはずなのだ。こういう出前講座を小学校を中心に中学校、高等学校へと年間千回以上にも及んで実施してきているのである。やはり、いつまでも全国最下位なのは、どこか歯車が嚙み合っていないのではないのか」

私の頭の中には、多くの疑問が去来した。

「全国学力テスト全国最下位を脱出するために必要な要素とは、先生方の授業力の他に何が必要なのだろうか」

2　人事交流先の秋田県視察へ

県立総合教育センターでの勤務生活にも慣れた頃、教科教育研修班に所属する髙木眞治指導主事が秋田県の学校視察に行くことを私に話してくれた。県が実施する人事交流で秋田県在の小学校に派遣されている大城裕先生を訪ねていく計画だと言う。

当時の私は、秋田県の教育環境や教育方法等に、かなりの興味を寄せていた。全国学力テストが開始されて以来、ずっと全国最下位を喫している沖縄県と、ずっと全国首位を保持する秋田県とは、どこがどのように異なるのだろう。

沖縄県では、全国学力テストが最下位になったのを機に、全国首位の秋田県との人事交流を始めたことは、先に触れた通りである。一年間の人事交流を終えた教員たちは、秋田県の子どもたちの様子や先生方の授業の様子をはじめ、秋田県の学校教育のあり方や地域・保護者の教育に対する考え方などを『報告書』としてまとめて、教育庁に報告に来るのが帰任後の習わしであった。教育指導統括監の頃に、人事交流で派遣された教員たちのこうした帰任報告を受け、実際に秋田県の学習状況を視察したいと考えていた。

そういうこともあって、私はかねてより興味関心を寄せていた秋田県に、髙木指導主事と共に研修視察に出向くことにした。

私たちは、羽田空港から飛行機を乗り継ぎ、秋田空港で電車に乗り換えて秋田駅に到着した。秋田駅では、大城先生が迎えに来てくれていた。私たちは、大城先生の車に乗り込んで、早速、彼の勤務先の学校に出向くことにした。勤務先校に向かう車中で、学校での勤務状況や生活の様子などを尋ねてみた。

学校生活は同僚の先生方ともうまくいっているようで、秋田県の公立学校勤務を楽しんでいる様子に安堵感を覚える。

3　子どもたちの整理整頓の素晴らしさ

学校に着くと、校長先生が出迎えてくれた。恐縮しながらも、私たちは大城先生がお世話になっていることに対して謝意を述べた。

当小学校は、内履き用と外履き用にシューズが区別されていて、校舎内玄関口で履き替えるようになっている。私は、スリッパに履き替える際に、子どもたちの靴箱に外履き用のシューズが整然と並べられているのを見てハッとした。靴箱のどのボックスにも、ちょっとした乱れもないように、きちんとシューズが並べられているのだ。

なるほど。そう言えば、教育指導統括監の頃に、秋田県に派遣されていた教員が帰任報告に来た際にも、秋田県の子どもたちの整理整頓がとても素晴らしいことに触れていたことを思い出していた。

校長先生の案内にまかせて進んでいくと、両サイドの廊下には、子どもたちのジャンパーやコートなどがきれいに整えて掛けられている。そのジャンパーやコートなども一糸乱れることもないように見える。廊下も、隅々まで掃除が行き届いていて、塵など一つも落ちていない。

校長室に入ると、まず、校長先生、その次に男性の教頭先生と名刺を交わす。校長室では、学校の教育方針や子どもたちの活動の様子などの話から、校長先生の気さくな学校運営が伝わってくる。派遣されている大城先生の一生懸命な様子も嬉しそうに語ってくれた。私は、改めて人事交流で派遣されている大城先生を引き受けてくれていることに、感謝の意を申し伝えた。

4 「なるほど」「やっぱり」の授業風景

そして、今回の訪問の趣旨を率直に伝える。

「実を申し上げますと、沖縄県は全国学力テスト全国最下位でありまして、現在、県を挙げて学力向上運動に取り組んでいるところなのです」

そう切り出しながら、私は校長先生の様子を確かめるようにゆっくりと校長先生の目に視線を移した。校長先生は、沖縄県が全国最下位であることをすでに承知しているようで、私の目を捉えながら軽く頭を上下させている。明るい笑みを浮かべている姿に安堵する。そして続けた。

「全国学力テスト全国一位である秋田県の普段の授業の様子や全国学力テストに向けての取組などを実際に見聞したくてこうして訪ねてきた次第なのです。それに、私の所属する県立総合教育センターは、本県公立学校勤務の教職員研修や学校に出向いての出前講座等を担っておりまして、県の学力向上運動に大きな役割を果たしている教育機関なのです。その所長として、秋田県の学校の状況はとても興味があります。ぜひ、よろしくお願いします」

校長先生は、明るく笑みを浮かべながら、こう答えてくれた。

「本校の授業で良ければ、どうぞご覧になってください。後で、ご案内したいと思います。でも、期待しないでくださいね。本校は、秋田県でも中以下ぐらいの成績の学校なのですよ。参考になるかしら」

「中以下」という言葉を聞いて、私はちょっと驚いたように目を見開いて、校長先生の瞳を捉えていた。先ほどの整然とした靴箱やコート掛け、きれいに清掃された床などを想起して「優秀な子どもたちの学校はやはり違うなぁ！」という感触を強く抱いていたからである。

しばらく懇談を楽しんだ後で、校長先生は授業に案内してくれた。最初の学級を見て、「なるほど」「やっぱり」という当初の予想が的中した。先生の問いかけに対して、子どもたちみんなが楽しそうに隣り合わせの友達と意見を交わしている。

先生が一人の女の子を指名した。その子は、起立して得意そうに自分の意見を発表している。いかにも楽しそうで自信ありげだ。その子の解答に対して、他の子どもたちも次々と同じ意見であることを表明する。先生もみんなの雰囲気を確かめるように、答えを拾い上げながら丁寧に解説している。

5　学校運営における学年団の協力体制

次の学級も同じような光景が見られた。いくつかの学級の様子を見せてもらった後で、大城先生の授業に案内してくれた。先ほどの校長室での懇談の途中で、「授業があるから」と中座した大城先生が教壇に立っている。小学校五年生の学級だ。どうやら、家庭科の授業で調理実習らしい。大城先生は、頭に三角型のナプキンを被っている。

彼は私たちを確認して軽く会釈をした。子どもたちが全員ナプキンを頭に被り、とても清潔な姿で家庭科の授業に臨んでいる。調理の実習にみんな浮き浮きしてとても楽しそうだ。

校長先生は、授業中の大城先生に目配せした後で、ちょっと声を大きくして子どもたちにあいさつした。

「みなさん、こんにちは。今日はわざわざ沖縄県から、先生方が本校を見に来ています。みなさんの担任の大城先生のお友達です。よろしくお願いします」

子どもたちは、みんな笑みを浮かべて、「よろしくお願いしまーす」と、大きな声に拍手を添えて私たちを歓迎してくれた。

私たちは、軽く会釈を送った後、教室内に入って子どもたちの近くまで進んで授業の様子を見守った。餅粉をこねて三色団子を作る調理実習であった。大城先生の指導の下、みんなが楽しそうにしている様子を目の当たりにして、沖縄県からの教員派遣交流がうまく機能していることに大きな喜びを感じていた。

一通り授業を見学し、その後校長室でしばらく歓談する。校長によれば、学校として特に力を入れているのが、学年団の主任を中心とした協力体制と言う。例えば、一学年であるならば、一年生の全ての担任が、一学年主任の下で協働体制を築き、学級経営や学校行事等を進めていく。各学年の運営体制において、各学年主任は強い指揮権を有している。

各学年において、授業の進め方や気になったこと、気になる子どもの生活指導、保護者との関係性、学級経営のあり方等全般について、各学年主任が学級担任に進言する。さらに、秋田県は学校ごとの研究体制がしっかりしており、校内研究授業や公開授業などについてかなり力を入れていることを感じた。そして、先生方は自分の授業に対して、かなりの自信とプライドを持っている。

6　出発点としての家庭教育

私が興味を惹かれたのが、沖縄県との家庭教育力の違いである。実際、当校を訪問して最初に目についたのが、整然と並べられたシューズやコートなどの類である。この点、率直に校長に尋ねてみた。

「家庭教育はどうなのですか。例えば、帰宅後の宿題や自学自習はどうなのですか。保護者たちの学校教育への理解や協力態勢などはどうですか？」

それに対する校長の回答は明快であった。

「そうですねぇ。本校の児童が通学する学区内の保護者たちは、学校教育に大変な関心を持っています。学校の行事や学級懇談会などはほとんどの家庭が出席します。学校からのお願いごとや要請なども、ほぼ前向きに協力していただいております。家庭学習も親子が一緒になって取り組んでいると感じます」

私は、納得して頭を上下させて聞いていた。そしてもう一つ質問してみた。

「家庭でのしつけなどはどう感じますか。例えば、基本的な生活習慣の確立など。私は、学校に入ってきた時の子どもたちのシューズがきちんと並べられている様子や、コートもきれいに揃えて掛けられていることからも、家庭でのしつけがしっかりとなされているように感じられましたが、その点はいかがでしょうか？」

校長は、笑みを浮かべて答えてくれる。

「学校としては、子どもたちに対して、外履きのシューズやコートなどをきちんとするようにという指導はほとんどやっていません。おそらく入学したての頃から、先輩方の並べられた靴箱やコートなどを見て、自分たちもきれいにしなければ、という思いが自然と身に付いてきたのではないでしょうか。この点などは、学校の指導というより、地域の伝統とか文化みたいなものだと思いますよ」

「やっぱり」と頷いている私たちを見て、こう続けた。

「やはり出発点は、家庭でのしつけだと思いますので、家庭の教育力というのは結構大きいと思います。まぁ、他府県のことはあまり存じ上げてないので、比較対象にはならないのですが……」

『教育を大河の流れに例えると、その源流を辿っていけば、最初の一滴は家庭教育に繋がる』大分前になるが、中教審の関係者が家庭教育の大切さについて述べたフレーズだったと記憶している。私は、そのことを思い出しながら校長先生の話に聞き入っていた。

7　大城先生との懇談会

その夜、大城先生を囲んで酒席で懇談した。私たちは、早速ビールを注文し、初日の慰労に乾杯し、大城先生の学校を見せてもらったことに感謝の意を告げた。

そして、大城先生が校長先生に気に入られていることはもとより、学校全体にうまく溶け込んでいることに安堵している旨を伝えた。

「やはり、南国沖縄と北国の秋田県とは、地理的な風土も違うし、まず何よりも生活文化に違いがある。子どもたちや保護者の考え方も違うだろうし、学校文化も違うだろう。その点、就任してから今日まで大変だったと思う。本当にご苦労様でした」

と、私は大城先生の慰労を兼ねて決まり文句の言葉で切り出した。

「秋田県に人事交流で赴任して、最初の二～三ヶ月は大変でした。沖縄県内でも異動して初めて着任する学校でも、しばらくは大変だと感じるものですが、あの大変さと、ここでの大変さは質的にも大きな違いがあると感じます。沖縄県内での転勤は、自分たちが生まれ育った土地でもあり、知り合いの先生も何名かいるわけですから、異動当初の頃でも確かに大変さはあっても、落ち着いて過ごすことができます」

大城先生は、この学校に初めて着任した頃を懐かしむように語り始めた。

「ところが、秋田県への赴任となると、ストレスは相当なものでした。これまで、この地を訪れたこともないわけですし、学校の他にも生活そのものにも、不安がなかったと言えば嘘になります。秋田県の子どもたちの様子や保護者の様子などは、秋田県へ派遣された前任者から聞いておりましたが、やはり実際に当地の学校に赴任して、それらのことを実感して、〝なるほど〟と納得するまでには、何かしら不安感は残るものです。それに私は、人事交流という形で、それなりの使命感を背負ってこの地に赴任してきたわけですから、沖縄県内での異動とは根本的に違うものがあります」

私は、大城先生の話すことについて、「そうでしょうねぇ」と相槌を何度も打っていた。

8 秋田県でびっくりすること

今回の視察は、秋田県の学校教育を知ることが大きな目的ではあったが、派遣されている大城先生と、髙木先生と、私の三人で夕食を囲みながら杯を交わすのも楽しみの一つであった。酔いが回ってきたのも手伝って、大城先生の勧める学校の話題に一段と花が咲いた。

彼はこの学校に赴任して、びっくりすることが多いこと。そして、沖縄県の学校とは次のような大きな違いがあることを強調する。

「私は当校に着任して、子どもたちを初めて目にしたのは四月の始業式だったのですが、その時、面白い光景が目に入ってきました」

彼は、「何を話したいのか、知ってますか」と質問でも発したいような面持ちで、笑みを浮かべて私の顔をのぞき込んできた。

「ほら、諸見里所長も小学生や中学生の頃、あったでしょう」

私は、早く続きを聞きたくて身を乗り出した。

「始業式の日には、校内の掲示板に学級担任の名前が掲載されるでしょう」

私は、「うんうん」と頷く。「この一年間の担任となる先生を初めて知らされるわけですから、その名前を見て、みんな声のトーンを大きくして騒ぎますよね」

私は、「確かにそうだ」と返答し、まだ小学生の頃の担任を知らされた時の様子が瞼に浮かんできた。それは何も小学校や中学校だけではない。高校に入ってからもほとんど変わらない。

私は、もともと高校の教師であり、自分の歴任校の始業式の日を振り返ってみても、担任の名前が公表される時の生徒たちの様子はとても印象的だ。生徒たちにとって、一年間を受け持つ担任が決まるのは大変な関心事であり、性格的に好きか嫌いかの好みもあるだろうが、確かにみんな自分の感情を表に出すものだ。

「やったー。○○先生だー」と大きな声で喜びを爆発させるのもいれば、「まさか!」とか、「うわーっ!」「でーじなたん!(島言葉。大事《でーじ》なたん!「大変なことになった」という意味)」とか、神妙な顔つきになる光景も目に入ったりする。とにかく貼り出された担任一覧表を見て、生徒たちが一喜一憂するのである。

私は、〝ところでそれがどうしたの?〟と言わんばかりに彼の瞳を捉えて、話の続きを促したが、大城先生の紹介する子どもたちの様子は、ちょっと衝撃でさえあった。

「ところが、私の学校の子どもたちは、自分の担任の名前を初めて知った瞬間においてさえも、顔色一つ変えなかったのですよ」

私は、不思議そうに顔を傾けた。

「それが一人や二人だけではなくて、どの学級の子どもたちもほぼ全員が同じように全く平然としているのです。つまり、誰が担任になろうと子どもたちにとってそれほど大したことではない、ということなのです」

大城先生は、私たちのきょとんとする顔を見て、楽しそうに笑みを浮かべた。

9　学年団を中心とした授業づくり

私は大城先生の話を聞いて、どうしても納得できないでいた。沖縄県の子どもたちであろうが、秋田県の子どもたちであろうが、子どもたちの感情表現には差異があろうはずもなく、楽しいことや面白くないことへの感情表現には違いなどないはずだ。それとも、秋田県の子どもたちは、その感情を押さえ込むことのできる何か他の理由でもあるのだろうか。

私は髙木先生の方に向き直って、「へぇーっ、本当なの？」と、小さく言葉を発した。髙木先生は、もともと佐賀県の出身だが、沖縄県が大好きで、沖縄県に居を移して教鞭を執っている先生である。本土の子どもたちは、沖縄県の子どもたちと違いがあるのかを確かめるためでもあった。

高木先生は、私と同じように興味津々で大城先生に尋ねた。

「へぇーっ、どうしてなの？」

大城先生は待ってました、と言わんばかりに続けた。

「つまり、この学校では、子どもたちにとってどの先生が担任になろうが、違いがないからなのです」

私は、ますます彼の話す内容を呑み込めないでいた。

「実は、四月の始業式に担任名が公表されても、ほとんどの子どもが動じなかった理由がわかったのは、学校生活が始まってしばらくしてからなのです。この学校は、先生方一人ひとりが自分流のやり方で教育活動を押し通すことが、他の先生方には受け入れられないような気がするのです。例えば、授業にしても、それぞれの先生方が自分流のやり方で授業を進めることは、あまり好まれていないような感じがします。授業の展開に資するシラバスも、先生方が自分の判断だけで組み立てて設計していくのではなくて、同じ学年を担当する先生方が真摯に協議する場に臨んで、授業の単元を一つひとつチェックしながら学年団でつくり上げていくのです。要するに、同じ学年の先生方なら、どの先生がどの学級で授業を行っても、ほとんど同じ学習内容や方法の授業が展開される仕組みになっているのです」

私は、先ほどの校長先生の話が少しずつ蘇ってきた。学校教育は、学年団の先生方を中心に動いているという意味が理解しかけてきた。大城先生は続ける。

「つまり、授業の指導案などについても、個々の先生方が自己の判断に基づき作成していくものではなくて、学年の先生方が協議して創意工夫を重ねて作成していくもので、学年全体で共有するものなのです。ですから、担任は違っていても、どの学級でも進度が同じどころか、授業内容の展開や留意点、子どもたちへの発問の仕方もそうだし、板書の仕方や内容も同じようになっていくのです。ロングホームルームや総合的な学習の内容も、学年で協議して決めるのですよ」

10　歩調を合わせた学年体制

私には、やはり意外であった。私は、自分が受け持った当時の高校での授業を思い出していた。高校では授業の展開について、同学年の同じ教科の先生方とはちょっとした悩みや疑問等をぶつけ合ったことはあるが、ほとんどがその教科担任の判断で創意工夫して授業を展開していく。授業展開の指導案などを学年同士の先生方で協働して作成するなんて、私の経験ではあり得なかったからだ。

そう言えば、沖縄県の小学校ではどうなのだろう。高木先生に目を移すと、高木先生もかなり感心している様子であった。私は、沖縄県内の小学校・中学校の状況を聞きたくて、隣の高木先生に質問してみた。

「小学校や中学校では、同学年の授業は学年単位で展開されていくの？」

高木先生は、口をへの字に曲げて、ちょっと考える素振りをしながら、こう述べた。

「確かに、シラバスを作成する時など、同じ学年の先生方で協議しながら仕上げていくことは、ままあります。授業案は、当然そのシラバスを基にするのですが、授業の展開などは、個別の先生方で創り上げていくものです。先生方の個性に応じて、創意工夫していくことが先生方の文化なのだと思うのですが……。先生方の個性が、授業の成立を大きく左右するものだと思いますよ」

やはりそうだろう。内心ホッとしながら、大城先生に体を向き直して、疑問点をぶつけてみた。

「それじゃあ、君の学校の先生方は、個性というものがなくなるのではないの？」

大城先生は、にこやかに続けた。

「当然、人間ですから誰にも個性はあります。ところが秋田県の学校教育はやはり違うのです。つまり、授業の展開をはじめ、板書、指導のポイント、宿題の与え方から、果ては学級経営までほとんど歩調を合わすことになるのです。ですから、子どもたちにとって、どの先生でも同じようなものになるのです。これは、保護者にとっても、とても重要な点です。あの先生に当たったら大変だとか、この先生に当たってラッキーだとか、そういう偏見も生じなくなっていると思うのです」

11　学年主任の存在感

がぜん面白くなってきた。

「じゃあ聞くが君の学校には変な先生とか指導力の劣るような先生はいないのか？」

「偏屈な先生とか指導力不足の先生というのは、うちの学校に限って言えば、まずいないですねぇ。それどころか、授業の指導案自体がかなりハイレベルなもので、最初の頃、私自身がこんなレベルの高い授業を展開できるのか、大変心配だったのです。

ところが、この学校の先生方は優秀さに加えてとても優しいし面倒見がいいのですよ。ベテランの学年主任の先生となると、私をはじめ若い先生方にかなり気遣って、この単元の展開のポイントとか、発問の仕方など優しく丁寧に教えてくれるのです。そうそう、学年団でとても重要になってくるのが学年主任の存在なのです。学年主任の呼びかけに応じて、学年会を開き、授業の進捗状況や学習の際に確認すべき事項はもとより、何か気になる点、困った点、改善すべき点などが話し合われることになるのですよ。ですから、学年主任の力量で、その学年の子どもたちの伸展力にも差異が出てくることになるのです」

私たちが感心して頷いているのを確認するかのように、大城先生は話を続けた。

「そうそう。この点に関してなのですけれど、高木先生にも謝りたいことがあります」

私は一瞬戸惑った。「謝りたい」という言葉を聞いて、「何があったのだろう」と、聞き捨てならないような面持ちで、再度大城先生に目をやった。高木先生も「何のことだろう」と、感心ありげに大城先生をのぞき込むように捉えている。

「ねぇ、高木先生！　私が秋田県に赴任してすぐに、先生に電話をしたのを覚えていらっしゃいますか？　その際、ある資料を送ってもらったのを覚えていますか？」

高木先生は、視線を上方にあずけながら、そしてちょっと首を傾けながら、視線を再び大城先生の方に向けていく。二〜三度首を上下させた後で、何か心当たりがあるような素振りで切り出した。

「赴任してすぐと言えば、道徳の授業の指導案のことですか？」

大城先生は嬉しそうに、うんうん、と頷いて笑みを浮かべている。

「そうなのです。あの道徳の指導案は、私が髙木先生にご無理を通してお願いしたものなのですよね。あの指導案も、結局使えなくなってしまったのです」

この言葉を確かめるように、髙木先生は思わず「へぇーっ」と小さな声を発した。

12　道徳の指導案

大城先生は語気を強くして説明してくれた。

「私は、秋田県のこの学校に着任したての頃、授業の展開についてかなり悩んでいたのですが、算数、国語、社会など主要教科は学年団で歩調を合わせて、かなり丁寧に他の先生方から手ほどきを受けていたのです。しかしながら、道徳の授業については、まだきちんと話し合われてなかったのですね。私はせめて道徳の授業は、他の先生方に迷惑を掛けないようにと、私なりの授業を展開してみよう、という気持ちが強くありました。あれこれ悩んだ挙句、以前同じ学校で勤務していた髙木先生が素晴らしい道徳の授業を実践していたのを思い出して、髙木先生に、あの道徳授業の展開資料を送ってもらうように頼み込んだのです」

「うん。よく覚えています。確かに、その依頼を受けた時に、私は何とか大城先生のお役に立てればという気持ちでしたので、喜んで対応させていただきました」

高木先生が相槌を打つように、再度言葉を発した。大城先生は、その時はお世話になったような素振りを浮かべながら、こう続ける。

「実は、学年団の集まりの席で、まだ協議に付されていない道徳の授業について、私は先生方を先取りするような面持ちでこう切り出したのです」

「つまり、……」――。ちょっと間を置くように、手元のお猪口をぐいっと飲み干した。

「実は、沖縄県在の私の元同僚の先生が、素晴らしい道徳の授業を展開していたのを思い出して、先輩に無理をお願いして当時の授業案を送ってもらったのです。これがその資料です。

私は、高木先生から送ってもらった授業の指導案をみんなに紹介したのですね。みんながその資料を手に、ふむふむと頷いているのを見て、私は、思い切ってこう切り出したのです。私の担当するクラスの子どもたちに、この指導案で道徳の授業を進めたいのですが……

私の言いたいことを理解した同じ学年団の先生方は、一部しか用意していない髙木先生の指導案を代わりばんこに受け取って、念入りに目を通すように眺めては、何枚かめくって資料の出所とかを私に質問してきたのです。私は、髙木先生から教わった通り、この指導案は、当時の文部科学省視学官の〇〇先生の道徳授業の展開資料なのです。と丁寧に解説を入れました」

13　子どもたちの実態や発達段階、地域の特性等に応じた道徳教育

髙木先生は、先ほど大城先生が「謝りたい」と言った言葉を詮索するかのように、それでどうしたの、と言わんばかりに身を乗り出してきた。

「この指導案の出所も文部科学省視学官からの資料だと聞いているし、その視学官の名前も知っているらしく、この指導案についてはみんなで納得してもらったのです。ところが、ある先生がこう切り出したのです。『ところで、大城先生が道徳の授業においてこの指導案で展開したいってことは、私たちもこの指導案で道徳の授業を展開しなさいってことなのですか?』。この言葉を聞いて私は、とてもびっくりしたのです」

「なるほど」と髙木先生は意外そうな面持ちで言葉を発した。

「私も、ドキッとしたのですね。そうなのです。この学校では道徳の授業にしても、指導内容は全て学年単位で足並みを揃えて展開していくことになるのです。私はどうしようかと言葉を詰まらせていると、隣に座していた学年主任のA先生がきっぱりとこう言うのです。『確かに、大城先生の仰るように、この指導案も良いのかもしれない。しかし、大城先生!この学校には、子どもたちの実態や発達段階をはじめ、保護者や地域の特性・歴史性等全てを考慮して、道徳の指導案についてもこれまで何度も練られてきているのですよ。さらに大切なことは、道徳という授業が単独のカリキュラムとして全ての教科から完全に独立しているわけではないのですよ。学校には学校教育目

標というのがあって、私たちはその目標を踏まえて〝子どもたちに育みたい資質・能力〟を諸々の教科に落とし込んでいく努力をしているのです。つまり、道徳をはじめ、算数や国語、理科、社会、体育それに総合的な学習など全ての教科を横断的に、むしろ学校教育活動全体を通してその目標達成に向けて取り組んでいるのです。そのことも考慮してくださいね』と、そう言うのです。

この学年主任の話を聞いて、私は目線が定まらなくなったのを覚えています。つまり、この言説の前に弁解など全くできないことを悟ったのです」

「ふーん。なるほど……」

今度は、私の方が驚嘆を込めて響き渡るほどに低いトーンを発して頷いてしまった。私は、お猪口を置いて両腕を組んで大城先生に向き合った。

14　カリキュラムマネジメント

大城先生は続けた。

「学年主任は私のことを慮るように、私の指導案の話を引き取ってこう言ってくれたのです。『今、道徳の授業のあり方について大城先生から提案があったのですが、みなさんいかがでしょうか。確かに、この指導案はそれなりに悪くないとは思うのです。文部科学省の○○先生の指導案に基づいた素晴らしい資料だと思います。ざっと見ただけでわかります。しかし、私たちの学校には、こだわりを持った道徳の授業案があるのです。これまで通りの指導展開でよろしいですよね』。その時、私もハッとするように、すかさず続けたのです。隣に座する学年主任に向き合って、右手を胸元で小さく左右にふらせながら、『いやいや、私はこの指導案を私のクラスで展開しようと思っていたのですが、やはり道徳の授業も、学年で足並みを揃えて展開していかなければならないのですよね』。

私のこの言葉に、学年団の全員が当然だと言わんばかりに首を上下させながら頷くのです。そこで、私は、私のメンツも考慮してこの場を引き取ってくれた学年主任にお礼を言いながら、この指導案を引っ込めたのです」

髙木先生も私も、ここまでの話から、感動をすでに通り越して衝撃にも近いものを感じていた。二人とも両腕を組みながら、じーっと、大城先生を捉えていた。私は大城先生の目をのぞき込むように、おもむろに話の中に割り込んでいった。

「とすると、何かぁ……、秋田県では算数・国語・社会などの主要教科だけでなく、道徳の授業内容までも全て学年団と足並みを揃えるってことなのかぁー?」

髙木先生も両腕を組んだまま、激しく頷く素振りを見せて、大城先生に目をやった。

「秋田県の全ての小学校がそうなのかは知りませんが、少なくとも私の通う小学校に限って言えば、そうなのです。体育や家庭科だって、同じ指導案で授業を展開するのです」

「ここまで徹底して授業をマネジメントできるのであれば本当に素晴らしいのかも知れませんね」

髙木先生はいたく感動している様子を浮かべている。

私は両腕を組みながら何度か頷いていた。「やはりすごい！」と、ポツリと口にした。保護者や地域との深い関わり合いの中で、カリキュラムがしっかりと実践されている。先ほどの道徳案をめぐる先生方のやり取りが如実にこれを物語っている。私は、文部科学省の提唱する「カリキュラム・マネジメント」（注）を思い出していた。

※注　この「カリキュラム・マネジメント」という概念は当時文部科学省から提示され始めていた頃で、この概念が喫緊の課題とされ、全国にブレークするのはその数年後のことになる。秋田県では、このカリキュラム・マネジメントが当時において全国に先駆けて根付いていたのではなかろうか。

15　誰が担任になっても同じなのだ

私はいよいよ楽しくなってきた。体全体から何かがふつふつと湧き上がってくるような、そんな高揚感に包まれて浮き浮きしている。言葉に尽くせないが、何かしら未知なるものに遭遇するような、そして、それを自分なりに咀嚼《そしゃく》して納得できる境地に達しようと努めている、そんな高揚感だ。

二人が先ほどの道徳案のことで、議論に花を咲かしているのも全く耳に入ってこなかった。私は、ふと我に返り、あることを思い出して議論に割って入ってこう尋ねてみた。

「そうそう。大城先生が最初にお話ししたように、子どもたちにとって、『どの先生が担任になろうが、誰でも一緒なんだ』というのが理解できるようになったのは今話した理由からなのですね」

大城先生もかなり饒舌になっている。

「そうなのですよ。つまり、子どもたちにとっても、保護者にとっても、学校内のどの先生が担任になろうが、誰でも一緒なのです。始業式のその日に、学級担任が発表されても、子どもたちが顔色一つ変えないのはこういうことだと、思ったのです」

私は若い頃赴任した高等学校において、四月の始業式の当日に、クラス担任が誰々に決まったと大騒ぎしている子どもたちの光景を、もう一度思い出していた。両手を取り合って大喜びしている女生徒や、ちょっと憂鬱気味に眺めている生徒たちなど、沖縄県内の小・中学校もおそらくそうだろうと思うが、一年間のクラス担任が誰に決まるかは、当該生徒たちにとっては大変な関心事になるはずだ。少なくとも、私がまだ学生の頃はそうであった。

ところが、ここ秋田県では事情が異なる。私自身の記憶と、大城先生の話す当地の現実とのギャップが、あまりにも大きすぎる。授業の展開などの学習指導や子どもたちの生活指導方針に変わりはなくても、先生と子どもたちとの相性など、個人的な好き嫌いの感情などは表に出してもいいのだと思うのだが……。先ほどの高揚感の陰には、胸の内にストンと収まりきれないもやもや感を残していた。

16 どうして算数の宿題を出してないの？

このことを尋ねてみようと思案しているうちに、大城先生は次の話題を持ち出してきた。

「これも、私が赴任してしばらくしてからのことなのですが。一度、クラスの子どもたちに算数の宿題を出さなかったことがあるのです。その日の午後七時過ぎ頃に、ある保護者から学校にまだ残っている私宛に電話が掛かってきたのです。大抵この頃までは居残って、保護者たちと電話連絡を取り合っているのですが、私が電話に出たところこう切り出すのです。『ねぇ。大城先生！。息子のB君が、今日は担任から算数の宿題がなかった、と言い張っているのですが、それって本当なのですか？』私はその日の算数の授業の様子を振り返りながら、そう言えば、その日は算数の宿題を課していなかったのを思い出したのです。

私は、そこでこう答えました。そうですね、今日は、他の教科も宿題を出しているものですから、算数の宿題は出しておりません、と。保護者の方は、最初、私の回答に戸惑っていた様子でしたが、息子のB君が算数の宿題はなかったと言い張っているのが正しいことを確認すると、今度は私に対して、厳しい口調でこう切り返すのです」

大城先生はその言葉を発したら、間を置くようにお猪口の杯を口にした。

私はまたしても、大城先生のこの話題にすごく興味が湧いてきた。私は、すでに先ほどの疑念など吹っ飛んでしまっていて、次の言葉を待てないような素振りで、〝うんうん〟と頷いていた。高木先生も同様に、待ちかねているようだ。大城先生の続く話も私たちの既定の価値観に、ある種の疑念を差し挟むようなものであった。

「『じゃあ、算数の宿題が出ていない、というのは本当なのですね』私は、すかさず、〝そうですねぇ〟と、軽く相槌を放ちました。私のこの言葉を確認すると、B君のお母さんは、鬼の首でも取ったかのような口調で、『どうして算数の宿題を出さないのですか。国語や社会より算数は重要じゃないということですか？それとも、算数よりずっと理科、社会の方が大切とでも言いたいのですか』と、捲《まく》し立ててきたのです。その時点で、私は算数も大切ですが、他の教科でも宿題が出されていることをもう一度強調したかったのですが、『それで、今日はうちの息子は算数の学習をやってないのですよ。一体、どうしてくれるのですか。ちゃんと算数の家庭学習をさせないと困ります。それにこのことは、校長先生もきちんと把握しているのですか。家庭学習も、学校と一緒になって頑張りましょう、と学校はいつも言っているじゃないですか』と。

結局、私はこのお母さんの剣幕の前に舌を巻いてしまったのです」

17　家庭学習の徹底

私と髙木先生は、互いに一瞬もずれることなく、思わず「へぇーっ！」と唸ってしまった。このお母さんのように、何かしら私たちの感覚とは異次元の世界があるような、そんな感覚に陥っていた。

沖縄県では、子どもの宿題について算数だけが出てないのを理由にして、担任に怒りをぶつける母親がいるのだろうか。たまたまこの母親の虫の居所が悪くて、家庭での息子とのやり取りの延長線上として、担任の大城先生に怒りをぶつけただけのことなのだろうか。いずれにしても、私たちの価値観とかけ離れたような不思議な感覚が漂ってきた。どうも、秋田県とは根本的な深いところに、何らかの相違があるような感じがしてきた。

「ここでは、宿題を出さなかった先生が咎められるのか」

私は自分の感覚では捉えることができない、何かについて、吐き出すように回答を求めていた。

「全ての保護者がこういう調子ではないと思いますが、とにかく算数の宿題を出していない私に対して、厳しいクレームがついたのは確かです。それ以来、主要教科を中心に他教科もバランスよく宿題を与えるようにしています」

この回答に対しては髙木先生からも「じゃあ、あなたの学校では、毎日主要教科を中心とした宿題を子どもさんたちに課しているのですか」と。

「おそらく、私の学校では、どの学年でも基本的にはそうだと思います」

そんな大城先生を確かめるように、私もつい大声を発してしまった。

「へぇーっ、それじゃあ、子どもたちは大変だ。毎日、毎日幾つもの主要教科の宿題をさせられるわけだ。それに、宿題については、常に親御さんも一緒になって見守っているのか」

大城先生もそのことを追認して頷きながら「そういうことなのです」と答えている。

18　家庭の負託に応えた学校教育

私は、大城先生の学校を見学して、そして今、大城先生のいくつかのエピソードを聞くに及んで、何かしら胸中にもやもやしていたあるものが、くっきりと姿を現しつつあった。それが何であるのか今はっきりと確信するに至っていた。それを二人の先生に、思いっきりぶつけてみたくなった。

「ここ秋田県に来て、学校を見て、そして今大城先生のお話を聞いてはっきりと確信してきたように思えるのですが、沖縄県の子どもたちと秋田県の子どもたちとの教育に、本質的な違いがあるとすれば、何だろうか？」

二人とも頷いて私を見つめている。

沖縄県の子どもたちと秋田県の子どもたちとの間に、いくつもの違いが表出するのはわかっているし、言葉にできる。しかし、本質的な違いとなると、哲学的な論理思考を問われているようで慎重になるものだ。「それで、本質的な違いとはどこにあるのですか？」――髙木先生がまず問い返してきた。髙木先生も、いよいよ顔が紅潮している。

「秋田県と本県の子どもたちとの教育において、違いがあるとすれば、何よりもまず、家庭教育だ」

私はこれまで喉元にトゲのようにひっかかっていた鬱憤《うつぷん》を、全て出し切るかのように単刀直入に言い放った。

「学校教育のあり方にも確かに違いはある。先生方の教え方にも違いはあると思う。しかし、決定的な違いは家庭教育だ。家庭がしっかりしているからこそ、学校が家庭の負託に応えてしっかりしているのであって、決して逆ではない」

家庭と学校が、しっかりと手を携えて緊密に連携することができれば、学校教育はいずれ相乗効果を発揮し、子どもたちの教育は素晴らしい成果を上げることができる。学校が主導権を振りかざすというよりも、家庭教育がしっかりと息づいているからなのだ。秋田県の教育は、まさにその典型ではなかろうか。

19　沖縄県教員の指導力

同時に私は、沖縄県立総合教育センターで年に千回以上にもわたって実施されている学校現場への出前授業や、研究授業への指導助言等に思いを馳せていた。私も頻繁に指導主事に同行して学校現場の授業の様子をつぶさに見てきた。

私は、これまで全国学力テストの全国最下位は学校現場の先生方の指導力に問題があるのだ、とばかり思っていた。

私の高等学校教員時代を振り返っても、職業専門高等学校に、小学校段階で終えているはずの百分率や分数式の問題など、そのレベルの数式をも解けない子どもたちが入学してくるのを目の当たりにして、一体、小学校の先生方はどんな指導をしてきたのだろうか、という疑念に囚われていた。小学校高学年の算数で学ぶべき、百分率の割合や分数の乗・除法等の概念が理解できなければ、中学校の数学なんてとうてい理解できないはずだ。これはもう数学レベルの問題ではない。週あたり四～五時間も割いて実施される中学校・数学の時間は、全く理解できないはずだから、当該授業などは嫌で嫌でしょうがないに違いない。こうした子どもたちは、数学の時間などをどのように過ごしてきたのだろうか。

教育センター所長に着任して、小・中学校の現場の授業をどうしても見たかったのは、こうした私自身の根本的な疑問を再確認したかったからに違いない。

ところが、実際に学校現場に赴いて小・中学校の先生方の授業をつぶさに見て回って感じたのは、指導力の不足する授業展開に出会うようなことは一度もなかった。確かに、教育センターの指導主事が授業視察で指導助言するように、児童への「発問の仕方」、「解答を引き出す仕方」、「板書の仕方」等に、若干、授業の下手な先生はいるにしても、このような先生方は当該授業の展開が少々下手なだけであって、根本的に指導力に問題のある先生は見当たらなかった。

彼らに指導力が不足しているわけではないのだ。自分の指導方法とは別に、他の模範となる授業展開に触れてないからなのだ。その当たりを自覚して改善することができれば、授業レベルがかなりアップするはずだ。というのも、毎年千回を超える出前授業等の影響で、先生方の授業力はかなり向上しているのが見受けられていたからだ。

本県は、大学を卒業しても若者を引き受ける企業等の受け皿が少ないがために、公務員志向が強い。特に教員採用試験は、合格倍率が高く、全国でも有数の難関だ。それを突破し、採用されてくる教員は資質レベルも高い。一人ひとりの教員の資質は、全国に比較しても決して並み以下ではないはずだ。

長い間教育行政に携わっていて感ずることだが、本県の子どもたちをしっかりと教育していこうとする、先生方の使命感も決して低くはないものと確信していた。

ただ、学校全体として、学力向上に対する意識が低いが故に、教師一人ひとりの意識の改善に繋がっていないだけないのだ。

例えば、自分が担任するクラスにおいて、算数についていけない児童が存在することを把握していて、何とかしようと努力するのだけれども、結局、学校全体として取りこぼしのある子どもたちを放置してしまっている、というのが実情だ。いわゆる、学校に根付いている悪しき慣習の問題なのだ。そこを改善すれば学校教育はもっと機能化するに違いない。

それよりもさらに重要なことは家庭教育にある。家庭教育をどのように改善すれば良いのか、それこそが至難の業だ。

20　つまずきのある児童の責任は

私のこうした胸中をまるで見透かすように、大城先生は事例を付け加えた。

「私、この学校に来て、もう一つ〝ふーん〟と唸って感動したことがあるのですよ。このこともぜひみなさんに紹介したいことなのです。

これも、私がこの学校に赴任して来た直後のことなのですが……。学年団での話し合いの中で、C先生が自分のクラスにいるD君について、『前学年で習得されているはずの、分数式や小数点のある計算につまずいているのがわかったのです。前学年の担任は誰だと思いますか』と、私たち学年団の先生方に尋ねてきたのですね。一人の先生は何か心当たりがあるらしく、そうした素振りを見せていたのですが、この先生が当該担任名を発する前に、C先生は前担任名を口にしたのです。『そうそう、あの先生知っているでしょう。この四月に○○小学校に転勤して出て行ったE先生なのですよ。私、納得がいかなくて、○○小学校に電話してE先生に出てもらったのです。そして、はっきりと言ってやったわよ』、と言うのです」

私は、何を言ったのだろう、と不思議に思って次の言葉を待っていたが、「諸見里所長、何と言ったと思いますか?」大城先生は、ますます饒舌だ。私もこのC先生の次に発した言葉が何であるのか、興味深げに返答してみた。「それで、何と言ったの?」

「転勤して出て行った男性のE先生に向けて、C先生はこう言ったというのですね。『E先生、去年あなたが担任していたD君のことだけど……。この子、分数の足し算掛け算ができないまま小学校五年生に進級してきているのですよ。ねぇ先生、この子引き取って、この分数式の解き方を教えに来ていただけませんか。これは前担任であるあなたの責任だと思いますよ。私が責任を取るわけにはいきませんから、お願いします』と、言い切ったというのです」

大城先生は、きょとんとしている私たち二人を捉えて、次に髙木先生に質問をぶつけていた。

「髙木先生、この件についてどう思いますか?」

髙木先生は眉を吊り上げて、口元をへの字に曲げながら「それで、転勤したE先生は、どう答えたのですか?」

21　教職員の意識や学校システムの違い

私は、この話に動揺するのを通り越して、ちょっとしたショック状態に陥っていた。教育論というよりも、むしろカルチャーショックにも近い何かを感じていた。私も髙木先生と同様に、この場合において、転勤した当該の先生がどのように対応するのか、わくわくしてきた。

大城先生は杯を傾けながら続けた。

「このE先生は、知らなかったとはいえ、責任の所在を明確にすべく、放課後の時間等を利用して個人指導を実施したみたいですよ」

「へぇーっ。ここまで徹底しているのかぁ！」私は、思わず舌を巻いて唸っていた。

「そうなのです。秋田県では、一人の子どもも落ちこぼれさせまいと、その担当の先生が、しっかりと責任を持って面倒を見ることになっているのです」

「でも、いくらなんでも、そこまでやるの？」

髙木先生も唖然とした思いで発しているようであった。

当然ながら、沖縄県の教育事情では考えられないことであった。確かに、学習の指導については、当該教科を担当する先生（小学校の場合、担任となる先生）が責任を持つのは当然にしても、転勤してまで責任を持つのか、と問われるのならば、単純に首肯することには疑問だ。

このC先生のように、人事異動での転勤先まで責任を負わそうとすることについても、やはり違和感を覚えざるを得ない。やはり、「秋田県は違うんだ」と感動を通り越して、私の思いは次第に驚愕の念に変わりつつあった。

私は秋田県と本県との違いについて、本質的な違いは家庭教育にあると、二人を前にして明言した。それについて、こう付け加えた。

「先ほど私は、秋田県と沖縄県との本質的な教育的相違を家庭教育にあるとしたが、やはり学校教育に懸ける教員の意識や、学校教育のシステム自体にも、本質的な違いが存することも認めないといけないだろうなぁ」

二人とも私のこの言葉に満足しているようで、〝うんうん〟と頷いている。そうなのだ。秋田県には、一人も落ちこぼれさせまいとする教師としての矜持が、至るところにおいて垣間見えるのだ。本県学校教育のあり方を根本から問い直す必要が出てきた。

私は、黙って杯を飲み干した。「この教職員の意識の違いやシステムの違いは、どうしても沖縄県に持ち帰って議論しなければいけないだろうね」私は、独り言のように口にしたつもりだが、二人に聞こえたらしく、二人とも頷きながら、杯をすすっているのが目に入ってきた。

22　子どもたちを丁寧に包み込む学校意識

私は杯を傾けながら、秋田県の教育の素晴らしさに感じ入っていた。学校教育は、子どもたちの実態や発達段階に応じて展開されているばかりか、子どもたち一人ひとりを丁寧に包み込んで、一人の落伍者をも出さないようにしている。

あるクラスのある先生の素晴らしい授業だけではだめなのだ。さらに、同じクラスでも、ある何人かがある問題を解けて、ある何人かが同じ問題を解けないようなら、だめなのだ。同様に、同じ学年でもあるクラスだけの成績が低迷してもだめなのだ。学校全体が、子どもたちの教育に責任と使命感を発揮している。ここでは、先生方が一枚岩となって「チーム学校」をつくり上げている。

私たち三人は、子どもたちの一人ひとりの学力について、学級担任が全面的に責任を負っている秋田県の状況に花を咲かせていた。転勤して別の学校に出て行った教員までもが、責任の所在を求められて、転勤前の学校に戻って子どもたちの面倒を見ることになるわけだから、転勤しないで在籍している教員なら、前に受け持っていたクラスの子どもがつまずきそうになっていれば、それこそ手取り足取り丁寧に学力の面倒を見るのだろう。

そうなのだ。前学年で教わっている学習につまずきなどがあれば、前学年で当該児童を教えていた担当教員が責任を持つことになるのだ。このあたりは、沖縄県の学校意識とは根本的に異なるような気がする。

23　基本的な生活習慣のしっかりした子どもたち

しばらく、この話題で盛り上がったところで、私は次の質問に移っていた。

「先ほど、私たちが大城先生の勤務校を訪ねて行った時に目についたのは、整然と並べられていた靴箱でした。このことは、私が教育庁で教育指導統括監に就いていた去年、大城先生と同じく人事交流で秋田県に派遣されていた教員が、帰任後に私を表敬訪問した際も、この点を強く指摘したところなのです」

大城先生は、この点についても待っていたように、解説を加えたい素振りで答えてくれた。

「そうなのです。子どもたちの学校生活や行動上のしつけについても、やっぱり沖縄県とは違うのです。秋田県では、基本的な生活習慣というものがとてもしっかりとしているのです。この件については、先ほど、諸見里所長からの質問に答えて校長がお話しされていたように、学校では子どもたちに対して、外履き用シューズを靴箱にきちんと揃えてしまうように、との指導などは全くやっていないのです。それから、同じようにご指摘のあった子どもたちのコートやジャンパーなどがきちんと廊下に掛けられていた光景についても、そうなのです。掛け方が悪い子どもなんておそらくいないと思うのですよ。

そうそう。塵や埃一つ見つからない廊下などもそうなのです。うちの学校の子どもたちは、毎日の清掃活動の際に、廊下を丁寧に雑巾がけしていくのです。今時、雑巾がけなのかと感じるでしょうが、みんな当たり前のように雑巾を手にして、しゃがみこんで拭いていくのです」

私は、思わず「雑巾がけなの？」と言葉がこぼれた。沖縄県でも、清掃活動は、当然、子どもたちの毎日の日課となるのだが、教室や廊下は大抵室内ホウキを手にして、チリ取りで拾い集めるくらいのものだ。それ故、清掃が雑なクラスの教室や隣接した廊下などには、塵やごみが掃き残されていたりする。

学期に一～二回ほど、特別に実施される全体清掃の時などは、確かに雑巾がけはするものの、その際には棒付のモップなどが普通であって、しゃがみこんで直接手で拭く雑巾がけなどはすでに昔の光景だ。

「体育館や別棟の廊下などは、棒付のモップなどで清掃するのですが、教室や廊下などは手がけの雑巾拭きになりますね。特に毎日の学習の場である教室に対しては、強い思い入れを持っていて、子どもたちは、毎日、手拭きでやっているのです。これも学校においての特別な指導によるものというより、学校文化のように学校生活の中に染み込んでいっているのです。基本的な生活習慣がしっかりしているのですね。先ほど所長が仰っていたように、家庭教育がしっかりしているからなのだと思います」

私自身、先ほど沖縄県と秋田県との本質的な違いは「家庭教育にある」と言い切った後に、一人も落ちこぼれさせまいとする「学校システム」にも違いがあることを追認せざるを得なかったが、この大城先生の説明に、つい、「そこなんだよね！」と相槌を打っていた。

家庭教育がしっかりしているが故に、基本的な生活習慣が見事なほどに根付いている。しかも、全国学力テストで、常に小・中学校とも全国一位になっている優秀な子どもたちを前に、優秀でレベルの高い先生方が素晴らしい授業を展開する。沖縄県が見習うべき「学校システム」が、さらに子どもたちの教育を押し上げている。最良の家庭教育。優秀な子どもたち。意識レベルの高い教員の存在。ここには、まさに、正のスパイラルが息づいている。

24　いくつもの養成環境が整った子どもたち

ふと、目の前にあるお酒の徳利が目に留まった。美味しい日本酒のでき上がる工程が頭の中を過《よぎ》っていた。最高級となる日本酒となると、まず再良質の水源があること。それに原料となる再良質のお米が要る。さらに最良質の酵母が、発酵するのに必要な気温や、湿度等最適度の環境が必要だと言われる。

たとえは、良くないにしても、秋田県の学力が全国一位であるのは、いくつもの養成環境が整っているからであり、決して偶然の賜物ではないことを認識させられていた。

私は、しばし黙って杯を傾けながら、本県の子どもたちに思いを馳せていた。家庭教育に大きな課題を有し、それがために、基本的な生活習慣にも大きな課題を引き繋いでいる。加えて、全国学力テストでは小・中学校とも四年連続全国最下位である。どうすれば家庭教育を改善することができるのだろうか。秋田県とは全てにおいてあまりにも違いすぎる。私は、子どもたちの学力の向上というあまりにも大きな壁に、つい大きなため息を漏らしていた。

25　出会いとは、新しい自分の創造だ

それから、おもむろに大城先生に向き合った。つくづく頑張っている姿が伝わってくる。頼もし

い限りに感じ入る。彼の奮戦やら、苦闘やらにある種の敬意が募っていた。沖縄県とは、かなり違う環境下において、彼は大きな出会いを得ている。子どもたちとの出会い、先生方との出会い。保護者との出会い。

出会いとは、新しい自分の創造だと言っても過言ではない。人はそれぞれ生育環境が違うし、従って考え方や行動様式が各々異なってくる。故に、人の出会いとは新たな価値との遭遇でもあり、異なる価値観とのぶつかり合いでもある。

そして出会いとは、新しい価値観を受容することにほかならない。新しい価値観は、これまでの凝り固まった規定観念から自分自身を脱皮させ、人間を大きく成長させる原動力となる。そんな大城先生に敬意を表して、もう一度乾杯を交わした。

沖縄県からはるか遠くに離れ、生活環境も異なり、文化にも大きな違いがある。これから、本格化してくる冬の寒さも大変なものだろう。

私は、この地に派遣されて頑張っている大城先生に、再度敬意を表して、これまでの頑張りに感謝の意を伝えていた。同時に今後の活躍に期待を込めて「お体には、くれぐれも留意して頑張ってくださいね」と、言葉を繋いでいる。私たち三人は、誰が切り出すのでもなく、これまでの懇談に大満足するかのようにお店を後にした。

第3章　最下位脱出の先頭に立つ

―沖縄県教育委員会教育長に就任―

1　課題山積の県教育委員会

　私は、二〇一三年（平成二五年）四月一日付で沖縄県教育委員会教育長（県教育長）を拝命する。就任当時の県教育行政は、いくつもの大きな課題を抱えていた。特に、前教育長の頃（二〇一一年）から引きずっていた「八重山教科書問題」については、就任当日から、沖縄県を代表する二社の新聞紙に顔写真入りで一面に掲載されて取り上げられるほど喫緊の事案であった。さらに、幼・小・中学校、県立高等学校、県立特別支援学校がそれぞれに大きな課題を有している。

　まず筆頭に掲げられるのが学力の問題だ。平成一九年度から実施されている全国学力テストでは、連続して全国最下位にある。それに、生徒指導の問題が加わる。喫煙や深夜徘徊等で、警察に補導される青少年の数は、相変わらず高割合である。また、酒気帯び運転や体罰等の規律違反教員も減少する様子もない。

　これらは、年度を重ねても改善されていく気配もなく、一度ゼロベースに戻って仕切り直す必要があるものばかりだ。加えて、県立図書館のバスターミナル兼商業複合ビルへの移転。那覇市内への特別支援学校の開設。県立高校内へ中高一貫進学校の設置。家庭教育改善運動への取組等々、どれ一つを取ってしても、一筋縄ではいかないものばかりであった。

　県教育長に就任して、しばらくした四月中旬に第六回目となる全国学力テストが実施された。事前に担当する義務教育課からレクチャーされてもいた。当日、私の業務日程の調整役を務める比嘉真一主査から、「本日、全国学力テストが県下の小・中学校で一斉に行われます」と告げられた。着任直後の業務に忙殺されていても、常に脳裏から離れなかった重大案件だ。私は「そう。本日だよね。今回こそは一教科でもいいから、全国最下位を脱出してくれないかねぇ」と、祈るような気持ちで答えていた。

2　全国学力テスト全国最下位と歴代県教育長

全国学力テストは、平成一九年度から実施されてきたが、本県は、実施される小学校六年生の部と中学校三年生の総合の部において、五回連続全国最下位であった。全国学力テスト開始以来、県教育長は三人代わっていた。三代にわたって、時の県教育長たちは、何とか全国最下位を脱出しようと血眼になって取り組んできた。

全国学力テストで最初の全国最下位が判明した時の県教育長は仲村守和氏であった。仲村県教育長は、全国最下位を受けて、すぐに「沖縄県学力向上推進本部会議」を立ち上げた。

そして、全国一位である秋田県の学校教育を学ぶために、秋田県との人事交流協定を結んでいた。去年、秋田県に派遣された大城先生に会いに行って、色々と話を聞かせてもらったのは数か月前のことだ。

仲村県教育長の次に就任した金武正八郎県教育長も、真剣に学力向上策を講じている。本県の学力向上施策である『夢にぬふぁ星プラン』を刷新し新たな方策を提言した。その次の大城浩県教育長も、学力向上には大きなエネルギーを割いた。教員の研修体制も整えられてきた。

歴代のどの県教育長も、全国最下位を傍観的に捉えていたわけでは決してなかった。それこそ、真剣に対峙してきた。しかしながら、全国学力テストは、全国平均点と比して、どの学年の教科も若干改善傾向を示しつつも、総合の部においてはまだまだ全国四六位にも遠く及ばない状況にあった。

県内マスコミも、全国学力テストにおいて、本県の児童生徒が全国最下位であることを大々的に報じていた。沖縄タイムス、琉球新報の両新聞紙も全国最下位を一面に掲載したうえに、文部科学省による分析や県内外の著名な教育学者の分析を添えた。新聞紙の社説、論壇や県民の声の欄には、県教育行政の無策ぶりも指摘された。平成一九年度から平成二五年の六年間にわたって、全国最下位だという事実が常に新聞紙の一面を飾っていた。

※全国学力テストは、平成二三年（二〇一一年）三月一一日に発生した東日本大震災の影響を受けて、文部科学省はその年の実施を見送っている。そのため、六年間にわたってと記述しているのだが、全国学力テストの実施回数は五回となる。

3　全国最下位を脱し得ないのはなぜだろう―子どもたちの知能に決して問題はない―

県教育長に就任してから、私の念頭には常に、どうすれば全国学力テスト全国最下位を脱出できるのだろうか、という強い思いがあった。小・中学校の教育行政を所管する義務教育課長や担当職員らと共に様々な角度から学力向上策を論じ合った。

私は、学力議論を交わす時には、決まって本音をぶつけ合った。義務教育課長たちを前に、こう切り出したこともある。「この六年間を通して、全国最下位を脱し得ないのはなぜだろう。他府県の子どもたちに比べて、本県の児童生徒は元から頭が良くないのか。君たちはどう思っているのか」

部下たちは、頭を振ってこう答えた。

「いやいや教育長。本県の子どもたちが元から頭が悪いのでは決してないと思います」

確かに県内の児童生徒は、生来の頭の良さ悪さにおいて、全国の児童生徒と比べても決して悪くはない。そのことは、本県の学力問題を論ずる際の最大の前提条件である。沖縄県の子どもたちが生まれつき頭が悪いのなら、全国平均以上まで伸ばしていこうという議論そのものがナンセンスになる。しかしながら、そんなことは、断じてない。子どもたちの資質・能力そのものに決して問題はない。私のその思いだけは、どんなことをしてでも譲れないものであった。

「そうだよなぁ。それじゃあ、どこに原因があるのだろう」

私は、間髪を入れず質問した。担当課長や担当職員が学力全国最下位に対して、どれくらいの意識を持って臨んでいるのか、それを確認したかった。しばらく黙って、担当課長はこう答えた。

「うーん。八方手を尽くしているのですがねぇ……。先生方の授業力が向上するように、研修体制もここ数年間でかなり充実させてきているのです。各地区をブロックごとに区分し、徹底した授業研究も行っているところです。家庭学習を促すような努力も行っています。学校現場も頑張っているのですがねぇ」

言葉に窮している担当課長を目の当たりにして、むしろ同情的な思いに駆られてしまった。そうなんだ。なぜ、四年も経っても、五年も経っても、六年も経っても、全国最下位を脱し得ないのか。このことについては、県議会という公の場でも、徹底的に追及されてきているはずなのだ。県議会だけではない。新聞をはじめとするマスコミ等媒体からも、さらに一般県民からも、それこそぼろくそのように叩かれてきたはずなのだ。

私は、目の前にいる私の部下たちを慮った。一人の子どもの成績を上げようとする場合、学級での教え方を工夫したり、必要とあらば放課後に補習を組んだり、あるいは家庭学習で保護者と連携するなど、様々な手を打つことは可能だろう。ところが、県内全ての児童生徒の学力そのものを論ずる場合は難しくなってしまう。どこにその原因があるのか、あまりにも漠然としているからだ。

としたら、問われてくるのは、学校の学習システムにあるはずだ。全ての小・中学校の学習システムのどこかに抜け落ちている大きな穴があるはずなのである。それこそ、学校意識そのものにあるような気がする。さらに、学校から帰宅後の、家庭での学習状況も問題となってくる。ここもやはり大きなポイントとなろう。

沖縄県の学力全国最下位には、こうした要因が複合的に絡み合い、まるで施すことのできないほどに纏《まと》わりついている糸の塊のような気がする。子どもたちの学力面の課題があまりにも大きすぎて、その原因はと問われても、あれもあるだろう、これもそうだろうと漠然と認識しているのに違いはないだろうが、要点を絞って言えないのが本音なのだ。

私は、前職の県立総合教育センター所長時代に、秋田県を視察した時の様子を思い出していた。学力テスト全国一位の秋田県と全国最下位の沖縄県では、その差はテスト結果の点数の差に留まらず、子どもたちを取り巻く学習環境や学校教育システムにおいて、多方面に及んで顕著に表れていた。私はいつの間にか、部下たちを前にして、このような秋田県と本県との間に存するいくつもの大きな差異について、とつとつと語っていた。

4 せめて一教科だけでも

県教育長職は多忙を極めた。八重山教科書問題は収束に向かうどころかますます事態は悪化の方向に向かっている。私は、当事者である石垣市教育長、与那国町教育長、竹富町教育長を訪ね、真摯にこの問題の解決に向き合った。この教科書問題は文部科学省が直接介入してくることになり、多くのエネルギーを費やすようになった。

就任後、初めての県議会（六月議会）を迎えた。このように、課題が多い県教育委員会だけに、県議会での質問の多さは知事部局を含めても常に上位を占めていた。特に県全体を揺るがすような喫緊の課題に直面している場合などは、県議会での質問数が百本を数える時もあった。当該県議会においても、八重山教科書問題や学力問題など、数十本の質問数に及んだと記憶しているが何とかを乗り越えることができた。

文部科学省から、平成二五年度の全国学力テストの結果が発表されたのは、八月の下旬であった。私は、六回目となる全国学力テストであるだけに、せめて一教科だけでも全国最下位を脱出できないか、と一縷の期待を寄せていた。一教科だけでもいいんだ。天にも祈る気持ちで発表を待った。

テスト結果はマスコミ等で県民に公開される約一週間前に、各県の全国学力テストの担当者を集めて文部科学省内で直接通知される。これはマスコミにも同様に流されているが、全ての国民にはその一週間後に公開される習わしであった。つまり、教育委員会やマスコミ等に知らされてはいるが、国民に公開されるまでに一週間程の縛りが掛けられるのである。全国民に公表されるその間に、各県教育委員会やマスコミ等は、あらゆる角度から分析していくのだ。マスコミにおいても、県内の児童生徒のテスト結果の分析を有識者に依頼したりして、公表当日の紙面に間に合わせて載せることができる。

5　全国最下位を脱出？

当該日に、私は担当者からの報告を今か今かと待ちわびていた。その日も、各課からの多くの調整事案が立て込んできたが、内心それどころではなかった。

午後三時頃だったと思う。義務教育課長が担当指導主事を三名引き連れて、教育長室に顔を覗《のぞ》かせた。

私の執務室である教育長室には、二十数名程度が座れる長円形のテーブルがほぼ中央に据えられていて、毎日何時でも二〜三名から、多ければ全ての課長・副参事等幹部たちが集まって、業務上の調整やら会議等を持ったりしている。

入ってきた義務教育課長以下のメンバーは、このテーブルに座ろうともせずに、テーブルの中央に座している私に向かって、緊張した面持ちで開口一番にこう告げた。

「教育長！　やりましたよ。やっと全教科の全科目全国最下位という状況から脱出することができました」

私は目を大きくかっと見開いて、「なにっ。全国最下位を脱しただとーっ」と、大きな声を張り上げた。両手の拳を強く握りしめ、無意識ながら両腕を直角に折り曲げて腰の前付近でガッツポーズをしている。これまでずっと全国最下位を脱し得なかったわけだから、とにかく喜びを隠せなかった。

6　大きな勘違い

ところが、その喜びの表情も束の間で、彼らはすぐにうつむき加減な様子に変わっていった。その様子に「あれっ！」、と違和感を感じながらも、どの教科が全国最下位を脱したのか、次の一声を待ち望んだ。

「全国最下位から抜け出たのは、小学校の部の国語Aと算数Bの二科目だけです。残念ながら、それ以外の科目は全て今年も全国最下位でした。そして、総合得点にしても、小学校・中学校とも、やはり全国最下位となっています」

「えっ、な、な、何だって？」と、私は思わず声を絞り上げた。

「全国最下位を脱したというのは、小学校の国語Ａ・Ｂのうちの一科目。同じく算数Ａ・Ｂの一科目だけだというのか！」

私のこの発言に、何名か声を揃えて「そうなのですよ！」と、無念そうな表情を浮かべていた。

大きな勘違いであった。私は続けた。

「それじゃあ何か？小学校の算数と国語も、中学校の数学と国語も教科総合では、全国最下位だというのか」

いつの間にか、大喜びの絶頂から、残念無念な境地に変わりつつあった。断崖の絶壁から滑り落ちていくような思いである。先ほどの全国最下位を脱したという言葉から、小学校か中学校のどちらかの教科が最下位を抜け出せたものだと勘違いしてしまっていた。

「なーんだ。そうなのか。教科ではなくて科目なのか……」と、思わず言葉に出そうとしていた感情を何とか抑えていた。喜びと悲しみは紙一重なのだ。

7　やっぱり全国最下位か

義務教育課長は、再度確認するように念押しした。私はせめて一教科だけでも、と一縷《いちる》の望みを託していたが、この瞬間にこの淡い期待が微塵にも打ち砕かれてしまった。

着席した一行の中の一人が、課長の目配せによって席を立つや、私の傍らに駆け寄り持参した数枚の資料を私の手元に置いた。

「文部科学省に全国学力テストの分析結果を聞き取りに行っている担当主事からの報告を基に、今回のテスト結果の概要をまとめました」

私は、報告に来た一行の顔を一人ひとり順番に見つめていた。誰もが無念そうな顔つきだ。

「結局、小学校でも中学校でも、一教科だけも全国最下位を脱出し得なかったのか。小・中総合では六回連続全国最下位か」

「それじゃあ、説明してください」

義務教育課長は、頷いて「教育長、お手元の資料をご覧ください。まず、小学校の部・算数Aから始めます」

私は、おもむろに資料を手にして、一枚目の算数Aと記入された項目に目をやった。「算数Aの全国トップは秋田県です。二位は福井県。三位は青森県。四位は石川県……。上位層は、相変わらず東北・北陸勢で占められています。沖縄県は、最下段の全国最下位です。まだ情報を仕入れたばかりなので、詳細な分析は担当指導主事が帰任してからになります」

8　国語Aと算数Bが全国最下位を脱出

「算数Aの特徴を簡単に言えば……」

私は、説明を続けようとする義務教育課長の話に割って入って、「悪いけど、個別の分析等は後にして、算数Bや国語A、Bの順位、そして総合順位。それから中学校の部のそれぞれの教科の順位から説明してもらえませんか」

義務教育課長は首を縦に振りながら、それぞれの学年の教科の成績結果の説明から先に進めた。

「算数Bは、同じく秋田県が全国トップです。二位は福井県。三位は石川県……。でも、沖縄県は、やっと全国最下位から抜けることができました。四六番目です」

それから教科ごとに独自に分析した簡単な特徴点を説明していった。

全てが全国最下位ではあるが、まだ概略ながら、全国平均点で比較してみると、特に小学校では算数AとB、国語AとBにおいて、全国平均との差を確実に縮めつつある。

それを聞いて、私は率直に喜んだ。二科目でも、何とか全国最下位とは決別できた、という大きな希望を見つけたからだ。せめて、私の教育長在任中に何とか、せめて一教科だけでも全国最下位を脱出させてみたい。そしてすぐに次の問いを発した。

「それじゃあ、来年度か再来年度には全国最下位から抜け出せるのだな！」

その問いに担当指導主事の一人が口を開いた。

「うーん、教育長。可能性は高いと思いますが、ただ全国最下位から二位の〇〇県も三位の〇〇県も、本県と同じように、全国平均点との差を縮めつつあるのです」

私はここで戸惑ってしまった。「本県は、確かに全国平均点との差を縮めつつある。これは確かだよね。それが同じように、全国最下位二位の〇〇県も、三位の〇〇県も全国平均点との差を縮めようとしている、というわけなのか？」

報告しに来た一行は、揃って頷いている。

「それじゃあ何か、全国最下位からの脱出は、来年も再来年もどうなるのかわからないってことか」

9　六回連続全国最下位

私からのこの質問には、みんな口を閉ざしてしまった。しばらくの沈黙を破って、学力向上推進班長がこう言ってくれた。

「教育長、頑張れば大丈夫だと思います。全国最下位脱出を目指して頑張りましょう！」

私もそこで開き直った。「そうだよなぁ。全県挙げて全国最下位という汚名から脱出しようじゃないか。二科目は、全国最下位から抜けることができたのだ。頑張ろう！」

この段階で、何をどう頑張るのか、どうすればいいのか、ということははっきりしなかったが、とにかく頑張るしかないのだ。

私は報告に来たメンバーが退室した後、しばらく思案に暮れていた。全国最下位は何としてでも脱出しなければならない。そのために一番必要なことは、一生懸命に汗を流してくれる担当課の課長をはじめ、担当指導主事たちの意識の持ち方なのだ。六回連続も全国最下位から脱し得ないでいる。今、何よりも重要になるのは、この現状に甘んじて、仕方ないと受け入れてしまう風潮を、絶対に打破しなければならないことだ。

一つや二つの学校の学力を改善するのではない。県下に四百校近くにも上る小・中学校全ての意識を変えるのだ。しかも、小・中学校を所管しているのは市町村教育委員会だ。その教育委員会をも含めて、従来の学力向上に向けた意識を徹底して変革していかなければならないのだ。そのためには、その全ての学校に指導・助言ができて、市町村教育委員会にも協力を求めることができる教育庁義務教育課の意識を強く鼓舞していかなければならない。

10　リーダーとして求められること

私は、これまでに県立高等学校の校長を二校経験し、その後、県教育行政で保健体育課長、県立学校教育課長を歴任してきた。校長、あるいは課長としての在任中を通して、それなりのリーダーとしてのあり方を会得してきた。

リーダーとして一番大切なことの一つは、部下職員のベクトルを揃えることにある。特に、何か大きな課題があって、その大きな課題を克服しなければならない時に組織としてのベクトルが試される。その際肝要になることは、リーダーの意識そのものを、部下職員といかに共有できているかにある。ベクトルを揃えんとするがために、強圧的に指示・命令を発するリーダーを見かけることが多々ある。しかし、こうしたリーダーの行為は反発こそ招いても、結果としてベクトルをむしろ解体させてしまいかねない。ベクトルを揃えることは、決して表面的なことではできない。

信念と意識とは表裏一体である。意識の基になるのが、リーダーの明晰な信念であるならば、職員のベクトルを左右するのは、リーダーの持つその信念にほかならない。リーダーの信念を部下たちが共感しない限り、ベクトルは動かないだろう。

人を動かすのは難しい。そのためにまず必要なことは、お互いの信頼関係だ。むしろ、リーダーの持つ人間性にある、と言っても良い。

リーダーをして、強い信念を標榜する力があり、それを部下職員に共感させることができれば、組織の意識は絶対に変わるはずだ。ベクトルの方向は確実に揃っていく。それは、ある目標があって、それに向けてみんな一緒になって、ただ頑張ろうとする意識ではない。今我々に求められているのは、「何が何でも絶対にやり遂げよう」という強固な意識なのだ。

そして本県に求められているのは、県全体の学校意識の改革なのだ。県全体の学校意識を変えるためには、それを担うことのできる教育庁担当課であり、その担当職員の意識の持ち方が最大のポイントになる。それをまず変えなければならない。それができるのは、リーダーとしての県教育長しかいないはずだ。私自身が「何が何でも絶対にやり遂げよう」という強靭な意識を持っていかなければ、部下たちの意識の変革は不可能だ。

11　全国最下位のマスコミ報道

いよいよ本年度も、本県の学力全国最下位がマスコミ等で公表される日がやってきた。せめて、二科目が全国最下位を脱したということを強調して、次回の全国学力テストへ希望を繋ぎたい、そんな表現で報道されることを期待していた。

私は朝早く目が覚めると、郵便受けに入っている新聞紙を取り出して、紙面の第一面に目線を落とした。紙面第一面のほとんどを割いて、大きく掲載された「全国学力テスト全国最下位」の文字面が目に飛び込んできた。「全国最下位という文字がこんなに大きく踊っているのか……」

すでに分かっていた結果ではあったが、やはりショックを隠せなかった。私は、身を投げるようにソファーに座り込むと、その第一面に目を通した。紙面に大きく「全国学テ全国最下位」との表題が浮かび上がり、副題として「六年連続全国最下位」と、大きな活字で綴られている。

今年の全国学力テストで、対象者である本県の児童生徒小学校六年生、中学校三年生に実施された算数A（中学校では数学A）、算数B（同じく数学B）、国語A、国語Bのそれぞれの得点、並びに小学校の部の総合点、中学の部の総合点の全てにおいて、全国最下位だと紹介されている。

「県内の公立小学校の平均正答率は国語Aと算数Bが四六位で最下位を逃れたものの、国語Bと算数A、公立中学校は全ての科目で四七位となり、総合で平成一九年度の学力テスト実施以来六回連続の最下位だった」とある。その後で、算数、国語の平均正答率が上昇し全国平均との差を確実に縮めている旨分析している。

私は第一面を一通り読み終えると、第二面に掲載された全国学力テストの記事に目をやった。その後、ぱらぱらと何枚かめくっていると「県学力いまだ低迷」と大きな見出しの紙面が目に入った。その見出しに寄り添うように、副題として「父母ら諦め感も漂う」とある。この副題を見て、大きなため息を放った。沖教組（沖縄県教職員組合）の委員長名で「学テの傾向と対策の繰り返しに、児童や生徒が興味をなくしている」とのコメント。やるせない思いがどんどん大きく膨らんでいく。いつの間にか、新聞を持つ手が震えているのがわかった。言いようのない怒りや悲しみが織り重なった複雑な感情が、一気に込み上げてきた。新聞紙を引き裂きたい衝動に駆られている。

私はもう一度大きく深呼吸をすると、再びその紙面に見入った。「諸見里明県教育長の話」として私のコメントが載っている。

「中学校は全て四七位という結果で、厳しい状況にある。特に、数学は全国平均との差が依然として大きく、授業改善や家庭学習の充実に一層邁進する必要がある。分析と考察を行い、小中学校の校長らと今後の改善策を共有し、児童・生徒の学力向上を図っていく」

先ほども触れたように、全国学力テストの結果はマスコミ等にも一週間程前には流されていて、このコメントは、全国最下位を知った当該マスコミから取材を受けて回答したものであった。

12 「あなたも本当に大変ね」

しばらくすると、「おはよう」という声にはっとして、その声の主に目を向けた。妻が深刻そうな顔つきで、新聞に没頭している私を見つめている。

「どうしたの。何か重要な記事でも載っているの？」と心配そうに声を掛けてきた。私は、静かに新聞紙一面を飾っている「全国学力テスト全国最下位」の大きな活字を示した。妻は、この活字を見るや、目を大きく開いて、「全国最下位が報道されたのね」と言い、「それにしても、こんなに大きく報道されるのね」ちょっと間をおいて「あなたも本当に大変ね」と県教育長である私の立場を慮って独り言のようにつぶやいている。おそらく、これから全国学力テスト全国最下位の責任を問われるのじゃないか、という思いがあったのだろう。

ＮＨＫのニュース番組を見てみた。ＮＨＫは全国ニュースを報道している最中であった。続いてチャンネルをかえて、民放番組にする。ここでもこのニュースは全国版だ。数分もしないうちに、沖縄県内ニュースが飛び込んできた。まず、全国学力テストで、本県の児童生徒の全国最下位を取り上げている。六年連続最下位も強調している。テレビ画面では小・中学校の各教科や総合点の得点分布や特徴点を図形化して報じている。続いて、ＮＨＫの沖縄版でも報道された。

13　国語Aで沖縄県に負けた某県知事の怒り

マスコミ報道から二～三日ほど経った後だと記憶しているが、某県の知事が記者会見を開いて、某県下全ての小・中学校長、市町村教育委員会に対して激しい怒りを露《あらわ》にしているというニュースが伝えられた。どうやら、小学校国語Aの科目が全国最下位に転落したことを受けた県知事としての反応らしかった。

全国学力テストにおいて、沖縄県の小学校国語Aが全国最下位を脱したことの説明を受けた際に、その科目の全国最下位が某県であることは聞いていたが、某県知事までもが、公式の場においてあえて怒りの念を訴えるとは予想外であった。その二～三日後には、某県教育委員会の対応等が報じられた。県知事の厳しい叱責を受けて、これまでの学力向上対策を抜本から見直すことも報道で知った。

しばらくして、私の友人と共に沖縄県に旅行に来ていた某県内の小学校に勤める教員と食事をする機会があった。その際に、当時の某県知事の怒りの様子を耳にした。その教員によると、全国最下位もさることながら、沖縄県に負けたことが何よりも許せなかったということが、知事の話の節々から伝わってきたと言う。この話は、私にとってやはりショックであった。某県だけではあるまい。全国的にみても、全国学力テストにおいて沖縄県に負けるということがどんなに屈辱的であるのか、その象徴たるべき事象なのだ。

14　歴史的な学力低迷

沖縄県は、戦前・戦後を通して、子どもたちの学力向上は常に大きな課題であった。それには沖縄県の歴史も大きく関わっている（第1章コラム参照）。

戦後は、二七年間にわたりアメリカの支配下に置かれた。その沖縄で、政府はせめて本土の一流大学で一流の教育を受けさせる術《すべ》がないか、模索した。しかしながら、当時の沖縄県民の学力では、本土の一流大学に合格できる生徒と言えばほんの一握りでしかなかった。それに本土の大学に我が子を送るほど裕福な家庭が少なかったのも事実である。

太平洋戦争の末期に、日本の国という存亡をかけて、沖縄という小さな島国を見捨てざるを得なかった。日本国内で唯一の地上戦が展開され、二〇万人を超える戦死者を出した。四人に一人が戦死してしまうという大変な悲劇に見舞われた沖縄である。

戦後、一九五一年にサンフランシスコ講和条約の締結をもって、日本国は悲願の独立を勝ち取った。しかし、沖縄県民にとってみれば、日本が独立を勝ち取ったというこの誇らしい条約は、一方でアメリカの支配下に置き去られるという屈辱的な条約でしかなかった。こうした負い目のある沖縄に対して、日本政府はできることなら何でもやってあげよう、という強い思いを持っていた。

このような状況の中で、そして沖縄県民の強い要望もあって、本土の一流大学へ入学させるために「国費留学」「私費留学」という制度を設けた。この「留学」制度のおかげで当時の沖縄県民は本土の一流難関大学にも入学できたのである。

沖縄県内の学校に在学する子どもたちの学力が、本土復帰後もずっと低迷していたのは、様々なデータから文部科学省は掌握していたはずだ。また、全国の教育学者なら誰でも知っていた事実だ。その実態がこの全国学力テストの結果なのだ。

15 学力が最下位だという屈辱

そんな沖縄県に負けるということは、他県にしてみれば、やはり屈辱に違いなかった。全国学力テストの実施において「決して競争を煽るようなものではない」と文部科学省がどんなに強調しようが、その言葉自体が空虚にしか映らないことは火を見るより明らかであった。

全国学力テストの結果は、全国の中以上の順位を得た都道府県にしてみれば、それほど問題はないと思われる。しかし、全国最下位付近を彷徨っている都道府県側にとってみれば、最下位あたりに位置するというその強いられた屈辱を文部科学省は絶対に理解してほしい。

若い頃、県外に出た私たちの世代なら、本土にはまだ沖縄県民に対する偏見的な意識が残っている、という想いが心の奥底に突き刺さっている。「沖縄県の人って学力低いのよね」、と耳にした時の衝撃は計り知れないものがあった。沖縄県民としての矜持やアイデンティティさえも、崩壊させかねない言葉である。全国学力テスト最下位という屈辱は、その当時の情景を彷彿とさせる。

全国最下位とされた沖縄県民の子どもたちが、将来本土に出て、頭が悪い県民だと馬鹿にされないか――一番の心配事はここにある。学力が最下位だとされた県の悲哀を文部科学省は一顧だにしていないのだ。

16 全国平均を上回る小学校が出てきた―校長のリーダーシップ

全国学力テストの新聞等マスメディアの発表からしばらくした後に、義務教育課の担当者たちが、全国学力テストの詳細な分析結果を報告しに来た。小学校の部、中学校の部の各教科・科目や各教育事務所別の得点状況や特徴点、過去数年間の得点比較など、微に入り細に入り分析してくれた。

その中で、全国学力テスト実施以来、ずっと低迷していたいくつかの小学校の中から、全国平均を上回るようになった事例が報告された。私はその学校にかなり興味を惹かれ、その学校の分析を求めた。

まず、この数年間の成績の流れ、学力向上に対する校長の姿勢、学校全体の取り組み方等々についてである。この数例の学校の中で、一～二校はこれまでの成績の流れからしても、校長、学校の取組としても、そろそろ全国平均を上回っても不思議ではない学校であった。しかしながら、残りの四～五校は、昨年度まではそれほど芳しくない学校だったのだ。

しかし、この一年間で驚異的な伸びを見せている。何があったのだろうか。

そこからは、奇しくも、これらの学校に共通する事例が浮かび上がってきた。強力なリーダーシップのある校長の存在である。前年度から校長が変わり、校長が前面に立って、学力向上に徹底して取り組んでいる学校なのだ。一学年一～二学級の小規模校でもない。どれも一学年四～五学級以上の中規模校以上の小学校だ。

私は、この事例報告を受けて、全身の血液が逆流するような熱い思いに駆られていた。まさしくそうなのだ。この数年間の全県的な取組によって、子どもたちの学力も、先生方の指導力も、他府県と遜色のないほど改善されてきているはずなのだ。この事例こそがこの証左なのだ。やればできるのだ。学校全体として取り組むという、その号令さえ響けば流れを作ることができる。その旗振り役は校長しかいない。要石となるのは、やはり校長なのだ。

17 「校長が変われば学校は変わる」

この四～五校が飛躍的に伸長したのは、それなりの準備ができていたからなのだ。それには、まず、子どもたちの学力が潜在的に改善されていることが挙げられよう。校長が檄を飛ばし、先生方をいくら鼓舞しようが、一番肝心な子どもたちの学力レベルがある程度の段階まで引き上げられていないと、結果はとうてい覚束《おぼつか》ない。算数で言えば、小学校低～中学年で習得する掛け算・割り算や小数点の概念を理解できていない子どもが、同高学年の分数の乗・除法問題を解くのなど、どうしても無理がくるものだ。

ある問題に直面した場合に、その問題を解く際には、少なくともいくつかの条件をクリアする必要がある。まず、その問題を構成する基礎基本が習得できていることである。全国学力テストは、これまで学習してきた範囲内から出題されている。次に、出題された問題に対して、習得している基礎基本を活用して、その問題を解くコツを学ぶことが肝心である。それを先生たちがうまく指導しきれているかどうかだ。

学校での学習を復習させようとすれば、宿題を課して家庭学習を促す努力も必要だ。さらに、基礎基本が習得できていない児童には、それなりの補習対策も必要である。学校長の役割は、こうした学校が当然として取り組むべき学習の流れを、全職員で確認する場を設け、先生方にしっかりと実践させることだ。それさえできていれば、子どもたちは確実に学びに乗っていくはずだ。逆に言えば、それができていないからこそ、全国学力テストの出題レベルをいつまでもクリアできないでいるのだ。

これまで低迷していた学校において、校長が変わったとたんに飛躍していけるのは、こうした当たり前とも言える学習の流れをしっかりと実践に移すことのできる校長の強いリーダーシップなのである。

「校長が変われば学校は変わる」。このいくつかの事例は、暗雲が立ち込めていた私の思いに一筋の光明を差し込むものであった。学校の学びの流れを是が非でも変えていかなければならない。従前の学校システムに一石を投じなければならない。そのためには、学校の意識を変えることだ。

今回の躍進した学校の事例は、学校意識を変革することができた校長の手腕だと言える。もし全ての学校長たちの意識をこのように変えることができるとすれば、全ての子どもたちの学力を確実に伸展させることができるはずだ。何とかして、学校意識を変えていかなければ――私のこの思いは、時の経過とともに強くなっていくばかりであった。

18 学校意識を変えたい―学校訪問を開始する

全国学力テストに係るマスコミ等の報道が一段落した頃、私は義務教育課課長や学力向上推進班長ら数名を呼んで、今後の県全体の学力向上運動のあり方について議論を交わすことにした。私は集まってきたメンバーを前にして、開口一番「義務教育課内の指導主事たちで学校訪問を開始したい。学校意識を変えたいのだ」と、胸の内を吐露した。

学力向上について、これまで県教育委員会がどんなに旗を振ろうが、学校現場がなびいてこないのは学校意識がいつまでも従前のままでいるからだ。今必要とされるのは、新しい施策の策定や文書の発出ではない。私たち県教育委員会が学校現場を直接訪問することだ。県が市町村に赴くことが何よりも大切なのだ。

当然、学校現場は、びっくりするだろう。これまでやってこなかったことをやってみよう。単なる学校訪問ではない。校長の意識を変えると同時に、先生方の意識をも変える。そのためにも、学校の授業に入って、先生方の意識をも変えるのだ。校長が変われば先生方が変わる。それができれば、子どもたちも絶対に変わる。それ故の学校訪問だ。学校現場の意識を変革するにはそれしかない。

学校訪問の業務は、従来、小・中学校を所管する市町村教育委員会が担ってきた。ここには、県教育委員会と対等の権限を有する市町村教育委員会という大きな壁が存する。しかし、いつまでも市町村教育委員会の出方をうかがってばかりもいられない。何とか市町村教育委員会を巻き込んで、学力向上運動を刷新しなければならない。県教育委員会から学校現場に直接赴くことは、市町村教育委員会にも大きな刺激を与えるはずだ。所管する小・中学校の子どもたちの学力が向上することを、市町村教育委員会が反対する理由などないはずだ。

19　学力向上ー新しい室体制の構想

ところが、県内の小・中学校への学校訪問となると現在の学力向上推進班では限界がある。学力向上について血眼になって働いている学力向上推進班に、新たに学校訪問が加わるのだ。ただでさえ、多忙を極める業務であるうえに、これ以上の業務追加は指導主事たちを疲弊させ、仕事に対するモチベーションをも損なってしまう。そうなのだ。学校意識を変える前に、まずお膝下の義務教育課の意識を変革しなければならない。

私は、県教育長に就任以来、ずっと子どもたちの学力向上策を考え抜いてきた。学校現場、市町村教育委員会、義務教育課、この三つの意識を同時に変革しなければならない。そのためには、県教育委員会内に思い切った起爆剤なるものが必要であった。

私はこれまで温めてきた構想を打ち明けた。

「まだ、私の構想の段階だが、現在の学力向上推進班を格上げして室体制を敷こうと考えている。しかも、年度途中においてだ。新たに室体制をつくるのだから、室長が配置されるし、二〜三名の指導主事も加配したいと考えている。君たちの意見を聞かせてくれ」と率直に話した。

義務教育課長はびっくりした表情で口を開いた。

「教育長。年度内って、年度途中で室体制を立ち上げるってことですか？」

私は、大きく頷いて「そうだよ！」、と間髪を入れずに答えた。「それに、指導主事を二〜三名加配するって、これも年度途中なのですか？」との質問にも「そうする決意だ」と回答する。「そんなことってできるのですか？」と続けて尋ねてきた。私は、「そのことなのだが、年度途中で室体制の開設、しかも人員の加配だ。おそらく、教育庁内では前例がないと思うのだが」と逡巡するように返答していたところ、学力向上推進班班長もびっくりするような顔つきで尋ねてきた。

「これができたら素晴らしいですね。学力向上推進班のみなさんも全員大喜びしますよ。私は大賛成です。ぜひ開設をお願いしたいです」

そう強調する班長の言葉に、課長や他の職員も目を輝かせて大賛成の意向を示した。

「ただ、まだ私の構想の段階で、室を新たに設置するにしても、きっと困難が伴うと思う。私のこれまでの行政経験から考えても、決して一筋縄にはいくまい。今はまだ、みなさんの胸の内に置いていてほしい」

20　緊急校長会を設定してみては

打ち解けた歓談の中で、義務教育課長と班長から面白い提案がなされた。

「県内全ての小・中学校の校長を一堂に会して、緊急校長会を開催してはいかがでしょうか。その中で、新しい室体制の開設やこれから始まる学校訪問の意義などについて、教育長の思いを校長たちにぶつけるのです」

なるほど素晴らしい提案だと受け止めた。「緊急校長会」と銘打つことで、校長先生方も緊張感を持って臨むに違いない。しかも、教育庁の主催で、市町村立所管の全ての小・中学校長たちを一堂に集めるのは初めてのことになる。市町村教育委員会にも、所管内の学校訪問を理解してもらうためにも一石二鳥になる。「さすが課長と班長だ。素晴らしい」と私は大賛成した。これも、学校現場の意識を変革する一つの起爆剤になるはずだ。

早速、県内六ヶ所の県立教育事務所を通して、その旨を市町村教育委員会に伝える段取りを進めた。学校意識を変革していくためには、校長自身の意識を変えることができないと不可能だ。一人や二人の校長の意識を変えるのではない。県内小・中学校の四〇〇名近くにも上る全ての校長たちの意識をいかに変えることができるか、それが勝負になる。私は「よっしゃぁ。目下は推進室体制の構築と緊急校長会の開催だ」と、自分に言い聞かせるようにガッツポーズを披露した。

21　緊急校長会（連絡協議会）の開催―校長意識の改革へ

九月一三日。県内全ての小・中学校「緊急校長会（連絡協議会）」が開催された。いよいよ新たなミッションが始動する。県全土から集まってきた小・中学校長たちを前にして、私は、歯に衣を着せて遠回しに言い寄ろうとする気持ちなどは毛頭なかった。これから学校意識を変えたい、という私の信念をストレートに言葉にした。

緊急校長会で私が伝えたかったのは次の三つだ。まず、新しく学力向上推進室を開設する。これはあくまでも構想の段階だが、その開設の思いやその意義を強く訴えた。

その次に、学校訪問だ。私は、学力向上の第一義的責任は学校現場にあることを言明した。学力向上運動は、県教育委員会や市町村教育委員会が主導して実施してきた。しかし、その担い手となるのは学校現場の校長であり、先生方だ。それが、全国最下位が連続として六年間と長年にわたって低迷していく中で、その責任の所在が学校ではなくて、県や市町村教育委員会にあるかのような、いわば他人事のような逆転した錯覚を生じさせてしまっている。

子どもたちの学力向上に対する責任の所在が、学校現場にあることを改めて再認識させることが必要である。これから、できるだけ多くの公立学校を訪問していく。県教育委員会と市町村教育委員会が、タッグを組んで進めていくことになる。この訪問は、まず校長先生方に学力向上運動を根本から見直すことにもなる。

三つ目に、次年度こそは全国学力テストにおいて、全国最下位を脱出し、そのうえ本県の到達目標を全国三〇位に据えたいと明言した。さすがに、この三〇位には多くの校長先生方が度肝を抜かれたようでかなりのざわつきが起こっていた。「不可能なはずよ〜！」「いくら何でも無理だ！」会場内からはそんな声も私の耳に伝わってきた。それも至極当然であろう。

これまでどんなにやっても、全都道府県四七位という最下位に甘んじてきた沖縄県である。私は、動揺する校長先生方と真剣に対峙した。私の熱い思いが校長先生方に伝播し、会場内は、緊張の糸が張り詰めたように静かになった。大成功であった。

22 全国学力テスト—来年度目標は全国三〇位だ

この目標を三〇位に据えることについては、今振り返っても懐かしいエピソードだ。

この緊急校長会を翌日に控えた教育長室での打ち合わせの時のことである。義務教育課長と班長は、「教育長。お願いがあります」と、大きな決意を表明するように真剣な眼差しで私に迫ってきた。

「校長会において教育長の決意を披露する中で、来年の全国学力テストの到達目標を、全国三〇位に据えると明言していただけないですか」

そう言い切ると、明日開催される緊急校長会の調整に臨んでいる義務教育課の一行は、全員口を一文字に揃えたまま、私を見て何度も頷いている。全員真剣だ。

これには、私自身半信半疑であった。私は少々嘲笑するように、「まさか！　いくらなんでも三〇位は飛躍しすぎではないのか？　だって、これまで全国最下位をどうしても脱し得なかったのだよ。せめて四〇位くらいにしようよ」と笑みを含んで返答した。内心、とんでもないことを言い出す連中だ、と疑念さえ浮かんできた。

彼らは、私の言動を見透かしていたように、

「教育長。明日は勝負の時ですよ。明日の校長会で全国学力テストにかける教育長の思いや強い決意が、校長先生方に響かなかったとしたら、結局、来年度も失敗に終わります。死に物狂いになる覚悟であることを、教育長自身の口から発してもらえなければ、この企画も空振りに終わってしまいます。全国四〇位では目標が低すぎます。県内全ての学校を動かすのですよ。四〇位では軽い気持ちしか動きません。ぜひ校長たちを奮い立たせてください」

その発する言葉には、得も言えぬ言霊《ことだま》が宿っていた。私は、嘲笑気味に返答したことを後悔した。当然だと思うがみんな真剣なのだ。さすが、義務教育課長と推進班長だ。このやる気を奮い立たすことこそ、私が待ち望んでいたものではなかったのか。意識の変革とやる気度とは表裏一体だ。

しかしながら、三〇位にすると公言することには、しばらく逡巡していた。躊躇して結論を見いだせなかった。彼らからの強い進言については、一晩考えさせてくれるように頼んでその場を納めていたからだ。

もし、三〇位どころか、またしても全国最下位にでもなればみんなの笑いものにならないか。あ

るいは、私の言質に責任問題も浮上してくるのでは——多くの思いが錯綜した。

一晩熟考したうえでの当日、三〇位を宣言した。義務教育課や推進班職員らは、私のこの三〇位の公言をどんなに喜んだろうかと推測できる。

現在になって、当時の推進室体制の立ち上げを振り返って見たら、この緊急校長会の開催や、目標を三〇位に置くことを明言したことが、新体制スタートに向けた試金石であったと認識している。

私の決意表明の後で、義務教育課長と学力向上推進班長が登壇して、緊急校長会開催の趣旨説明や今後の学力向上に係る取組全般についての説明が続いた。教育庁主催で実施した全県小・中学校緊急校長会は大成功であった。

第4章　全国最下位と県議会

1　九月県議会の調整

九月県議会が始まった。今思い出しても、厳しい県議会だった。県議会において、県教育委員会は知事部局等と比べて質問数の多い部局署に属していた。九月県議会では、相変わらず収束の気配すら見せない八重山教科書問題と本県児童生徒の学力の問題が、県教育委員会のメインテーマに取り上げられた。その他を数えれば、五〇～六〇本の答弁数になる。

全国学力テストに関して言えば、質問を通告してきた県議会議員の多くが、全国最下位の問題を取り上げていた。私は、多くの時間を費やして義務教育課の課長や担当指導主事らと、学力問題に係る県議会での答弁内容を巡って、ああでもない、こうでもないと議論していた。

学力問題については、当然ながら、けれん味のない答弁内容に終始した。さらに、歴代の県教育長たちがすでに答弁した内容とニュアンスを変えたかった。数ある質問の随所に学力に対する私の信念を盛り込んでいく。これまでの県教育行政の取組はどうであったのか。全国最下位を脱し得ない原因はどこにあるのか。学力に係る本県の子どもたちの特徴とは。特に全国平均との差が縮まりつつある事実を指摘し、子どもたちの学力が確実に改善されていることを開陳しなければならない。

さらに求められてくるのは、全国最下位脱出に向けて、これから県教育行政はどのようなスタンスで取り組んでいくのか、今後の展望にほかならない。県民に対して少しでも希望を訴えなければならないのだ。

質問の通告を受けてから、県議会で答弁に立つまで数日間の猶予が与えられる。答弁調整は、各課ごとに順番よく実施されて深夜にまで及ぶ。納得する答弁内容に仕上がるまで、何度も何度も内容や表現等を変えていく。質問される課題に対して、私の教育的信念なるものが試される。質問の意図、質問の背景、その課題性と解決に至るプロセス。これらを徹底して分析していく。最後は表現の問題だ。これらのエッセンスをわずかな答弁の中に盛り込んでいかねばならない。

ある程度、納得できる答弁内容に論調を練り直して担当職員らを帰宅させるのが、午前零時を過ぎる場合も往々にしてある。私は、それから再度目を通して、やはり気になる表現に赤字を入れて修正を試みる。私の帰宅が午前二時以降になるのも珍しいことではなかった。

2 勇気が試される県議会答弁

いよいよ県議会の答弁の日になった。通常、県議会は代表質問と一般質問に分類され、代表質問は、野党系と与党系の各々代表議員が一日四〜五人程度二日間にわたって、知事をはじめ各部局長等と論戦を交わし合う。代表質問後の一般質問では、同じく野党系・与党系が一日六〜八人も登壇し、四日間にも及ぶ。長丁場だ。

県議会で答弁に立つというのが、どんなに大変なことで、どんなに勇気を試されるものかについては、答弁に立ったことのない人には理解することが難しいかもしれない。各部局内で慎重に調整を済ませての答弁内容であっても、時として県議会議場内で県議員の質問者から大変な叱責を浴びたり、挙句に県議員が怒り心頭に発して、声を荒げて詰め寄ったりする。県議会全体が紛糾することさえもある。

答弁に立つ各部局長たちは、こうした光景を何度も見てきていて熟知しており、それを覚悟のうえで答弁しているのだ。

3 県議会での一大決心―来年度こそは全国最下位を脱出してみせる

私は、その代表質問初日の早朝に一大決心をした。ちょうどその日は、全国学力テストに係る質問が出ている。その代表質問への答弁の冒頭に、次の一文を挿入したのだ。

「本年度の全国学力調査におきまして、またしても全国最下位を脱し得なかったことについて、今年こそはと期待していた県民、そして県議会議員の皆様には、県教育長として本当に申し訳ない気持ちで一杯です。来年度こそは、県民の願いである全国最下位を脱出できるよう、教育委員会一丸となって頑張る所存でございます」

来年度こそは、全国学力テスト全国最下位を脱出してみせる、という大変な覚悟を、この県議会という厳かな場で宣言したのであった。議場からも、何名かの議員が私の言葉を真摯に捉えている。ある一人の議員は、大声で「いいぞーっ！」と、大きく拍手を送ってくれている。私自身が私自身を、もう後戻りが許されない崖っぷちに追い込んでいた。

代表質問初日の答弁を無事終了して、県教育長室に戻ると、執務室の前で総務課長が軽く笑みを浮かべて出迎えてくれた。「お疲れさまでした」と話したすぐ後に「大丈夫ですか？」と続けた。おそらくあんな大それた決意を県議会で宣言して「大丈夫なの？」と聞きたかったのだろう、と直感した。六年間どうしても全国最下位を脱し得なかったのだから当然だろう。何事にも慎重派の総務課長らしいと感じた。私も軽く笑みを浮かべて答えた。「あぁ！　もう覚悟は決めた。もう後には引けない」とだけ言うと、悠然と執務室に足を踏み入れた。

4 「あなたは全国最下位の教育長だ」

代表質問が無事終了して、県議会は一般質問に入った。県議会は、野党系から始まって、後半は与党系の質問者に移っていく習わしであった。一般質問の三日目だったと思うが、与党系の一人から厳しい内容の質問が発せられた。新垣安弘県議である。新垣県議は、私の居住する八重瀬町からの選出議員であり、かつ高校時代の一年先輩でもあって、気心がよく知れた仲でもあった。ところが、全く想定外の厳しい内容の論戦を迫ってきた。

「諸見里教育長！　今年も全国最下位でしたね。なぜ何年経っても、本県は全国最下位を脱出できないのか」

「当たりさわりのない仕事しかしていないから、いつまでも脱出できないのだ」

「教育長が自分は全国四七位の教育長だという強い自覚を持ちなさい。そうすると県下の全校長たちをはじめ全教職員が自分たちは全国最下位レベルだという自覚に立つ」

「子どもたちだけが全国四七位じゃあ話にならない」

新垣県議の強弁に呼応するかのように、議員席に座している与党県議の一人からも厳しい言葉が飛んできた。

「そうだ、そうだ！　一番かわいそうなのは、子どもたちだろうが」

新垣県議は、本来穏やかなタイプの人で、口調も柔らかく、これまでの付き合いで、怒っている顔つきを見たことがなかった。それがどうだろう。険しい顔つきで、激昂しているようにさえ感じられる。私は旧知の仲である県議からの質問に対して、巧言を弄《ろう》する気持ちなどは毛頭なかった。困惑しながらも、通り一遍の答弁を避けて、これまで全国最下位を脱出できなかった理由をいくつか挙げて、真摯に答弁しようと臨んだ。

しかし、言葉がうまく繋げない。責任の所在を問い詰める内容への反論には答弁に詰まってしまう。再質問への答弁の場において、「家庭教育の問題に責任を転嫁するな」に対する反論に終始するのがやっとの状況に陥ってしまった。家庭教育については、当時の私が何とか改善運動に乗り出さなければならない問題だと、県下に発信していた矢先のことでもあった。その出端《でばな》をくじくような内容でもあったからだ。

5　「一番かわいそうなのは子どもたちだろう！」

県議の強弁の背後に透けて見えるのはこうだ。全国最下位であるのは、教育庁の責任だ。責任逃れをするな、県教育行政の不作為を決してごまかすな、ということにある。よく知っている新垣県議の想定外の厳しい質問であるが故に、どう切り返して答弁に臨めばいいのか、返答する言葉に逡巡していた。

しかも、他の議員からの「一番かわいそうなのは、子どもたちだろうが」と発せられた言葉には、全く異論などない。その通りである。

虚を衝かれる説諭に対して、にべもない返答しかできず、時折、窮せざるを得なかった。答弁台での私の心は、漁の途中で台湾ぼうず（沖縄に被害をもたらす南岸低気圧）に遭遇し、すさまじい暴風を堪え忍ばんと、必死になってサバニ（鱶舟：沖縄の伝統的な漁船）にしがみついている一人の海人《うみんちゅ》のようであった。

新垣県議が全国学力テストに関する質問の中で、特に私に強く指摘したのは「教育長が私は四七位の教育長なのだということをしっかりと認識していただきたい」という点だ。私は質問者の顔を見つめたまま黙って頷いた。

私は、議場内に設置された県教育長と書かれた指定席に戻ると「あなたは、全国最下位の県教育長だ」という言葉に戸惑っていた。どういう意味だろうか。彼の言葉の流れや険しい顔つきからすれば、私の県教育長としての資質能力が、全国最下位だということを言いたかったのではないのか。そう思うと心が痛くなっていた。席に着いてしばらくは、茫然自失に陥っていた。応援者になってくれるはずの新垣県議の厳しい質問に対して、寄る辺ない思いに駆られていた。でも、今振り返っても、新垣県議のあの厳しい態度は、むしろ私に強い覚悟を迫っていった。

6　学力と貧困の問題

「一番かわいそうなのは、子どもたちだろうが」という別の県議からの言葉については、誰よりも私自身が実感しているはずなのだ。自分の考えを開陳できずに、答弁する言葉に逡巡していた自分に対して忸怩《じくじ》たる思いに駆られていた。そうなのだ。一番かわいそうなのは、全国最下位だとレッテルを貼られてしまった本県の子どもたちなのだ。学力が低い、と後ろ指をさされることが、どんなにつらくみじめなことか、本土で生活をしてきた私たち世代のうちなーんちゅ（沖縄県民）なら、それは誰でも体験してきたことなのだ。

学力の低さは、一般常識の低さにも現れる。それだけでさえも、常にいじめや差別がついて回った。私たちの世代だけではない。私たちより以前の世代で、本土に繰り出したうちなーんちゅが、もっとひどい偏見や差別と遭遇してきたのは歴史の事実なのだ。こうした負の側面だけは、子どもたちに引き継いではならない。負の連鎖を断ち切るのは、今しかないのだ。

私が新垣県議への答弁に窮したのは、家庭教育の問題に責任を転嫁するなという強い指摘にあった。その瞬間、家庭教育の背後に潜んでいるもう一つの大きな負の側面が頭をよぎったからでもあった。

沖縄県が、歴史的に引き継いできたのは、学力の問題に加えて、もう一つある。それは、家庭の貧困の問題だ。学力と貧困。この両者こそは、多くの教育学者が説くように、緊密に相関する問題でもある。両者はおそらく根源を一つにするだろう。往々にして、貧困は無知を生み出すし、無知は貧困に帰着する。

全国学力テストに、同時並行して調査された、子どもたちの学習環境調査を見ても、家庭の所得の低い児童生徒は、家庭の所得の高いそれとは、学力においてかなりの差が出ることがエビデンスとして明らかになっている。

7 四人に一人が「子どもの貧困」に相当する

つまりは、学力の問題に関わって、依然として大きな課題となってきたのが、貧困の問題なのだ。二〇一九年現在においてしても、沖縄県の県民所得は、全国平均の七割程度に留まる。現在、我が国で大きくクローズアップされるようになった「子どもの貧困率」も、沖縄県では二五％にも上る。この数値は、学校教育関係者にとっては驚愕以外の何物でもない。本県では、現在でも子どもたちの四人に一人が、普通教育の享受さえも困難となる、いわゆる「子どもの貧困」に該当するのだ。

※参考：　子どもの貧困とは必要最低限の生活水準が満たされておらず心身の維持が困難である絶対的貧困（あるいは相対的貧困）にある一七歳以下の子どもの存在及び生活状況を言う。二〇一九年六月に公表された県調査によると、沖縄県では「手取り収入などを世帯数で調整した等位処分所得が一二二万円にも満たない〝困窮世帯〟の割合は二五％である」

私が県教育長職を離れる二〇一六年度の「子どもの貧困率」は二九・七％であった。当時では、実に子どもたちの約三人に一人が「子どもの貧困」に該当していた。ちなみに日本全体の子どもの貧困率は一三・九％とされる。

学力の問題とは、貧困の問題と切っても切り離せない関係にある。多少の例外はあるにしても、両者の相関関係はかなり大きい。学力の向上に期待するところは、むしろここにある。学力の向上こそが、貧困の連鎖を断ち切れる一縷の望みにもなる。だからこそ、全ては教育に待つしかないのだ。

新垣県議の厳しい叱責の意図するところは、まさにそこに尽きる。県教育長という職責を決して生半可に考えるな！　生死を賭けて、この学力問題に対峙せよ！　と、そこを突いているのだ。私の脳裏には、「一番かわいそうなのは、子どもたちだろう」という言葉が、こうした時代背景と複雑に絡み合って、大ハンマーで思い切り強打された鐘の音のように鳴り響いている。

それにしても、鬼気迫る表情であった。あのような険しい形相は、それ以前にも、それ以後においても目にしたことがない。新垣県議とは、現在でも交友を深める仲ではあるが、懇談する度に、その時の話題に花を咲かせている。

全国学力テスト全国最下位の問題が炙り出しているのは、貧困と学力という古くて新しい事象にある。この事象にやるせなさが募る中で、私にはいつも浮上してくる一つの疑問があった。学力と貧困の相関性とは如何ともしがたいものなのだろうか、ということである。

第5章　学力向上推進室の設置に向けて

1　推進室体制の開設に向けて

県議会の日程が一通り終了すると、私は心の中で温めていた構想を一刻も早く実行しようと動き出した。その構想とは、教育庁内に学力向上施策に特化した一つの推進室を開設しようというものである。

この推進室なるものは、本来なら新年度体制がスタートする来年度の四月から設置する予定として抱いていた。心の中では、年度内途中開設も描いてみたが、教育庁内を再編して、一つのある既存の課内に、一つの推進室を途中で開設するわけだから、相当の根回しが必要になる。

教育庁内だけではない。知事部局も含めての大論争を覚悟しなければならない。特に、県庁全般の職員定数や組織体制再編を所管する知事部の担当課を説得する材料も用意していないと、極めて困難だ。それに、こうした事前の調整を経ぬままで、年度途中での課の再編は教育庁内でも前例がなかった。それを実現することは、今県議会議場における私の決意宣言や新垣県議からの厳しい指摘に鑑みても、もはや一刻の猶予もままならないと実感した。私自身、背水の陣を敷く強い覚悟があった。全国学力テストが実施されるのは通常四月中頃になる。四月開設となると、決め手となる施策を展開しても、当然に遅すぎるのだ。このままだと、全国学力テストの七回連続最下位は免れない。

当時の私には、学力向上対策において、これこそ決め手となるような明確な施策というのを持ち得ていなかった。歴代の県教育長たちが、多くの時間と労力を惜しみなく費やし、多くの学力向上施策を策定し、子どもたちの学力向上に向けて多くの公文書を発していた。

これ以上何が必要なのだろうか、といつも自問しては悩んできたのも事実だ。義務教育課長たちに「学校訪問」の必要性や「推進室」構想を吐露してきたものの、あるべき行政システムという大きな壁にいつも直面していた。

しかしながら、何が何でも走り出さねばならない。走りながら、推進室の新しいメンバーたちと一緒になって、新しいステージで学力向上施策を考えようというものであった。私の脳裏には学校訪問しかなかった。それ以外に必要となる施策については、そこに至ってから新しい発想が出てくるのを期待するしかなかった。

2　推進室体制の構想

この推進室開設の構想は、当時まだ私の胸の内にあり、次年度の予定であったことから、私の直属の幹部たちにもまだ打ち明けてはいなかった。私はまず、教育指導統括監、教育管理統括監や参事及び総務課長を呼んで、私の構想を披露した。

直属の部下となる両統括監と参事は県教育長に次ぐナンバー2の存在であり、総務課長は教育庁内にある九つの課をまとめ上げる筆頭課長になる。両統括監や参事は、私のこの構想にある程度理解を示してくれたが、総務課長は慎重姿勢を崩さなかった。

私の構想する学力向上推進室とは、現義務教育課内に設置することである。当然、室長を一人措置する。室員は、現在義務教育課内で学力向上業務を担当する学力向上推進班員で充てる。つまり、学力向上推進班を「室」として独立させることになる。さらに、学校訪問等業務が加わることから、より激職となるであろう室体制を補強するために、学校現場等から教員を引き抜き、指導主事として二〜三人を追加配置する。

教育庁内では、従前も「世界空手大会」開催業務に従事するために「世界空手大会推進室」を設置したり、全国持ち回りで開催された「全国スポーツ・レクリエーション祭」のための「全国スポーツ・レクリエーション祭推進室」を立ち上げたような例はいくつかあった。しかしながら、それらは数年も前から積み上げられてきた設置準備計画の下に設置されたものである。しかし、今回は、年度途中において、しかもまだ未調整でもあるうえに、教育庁内でも主要課である義務教育課を再編するのである。行政という組織体制のあり方を知っていれば、あまりに無謀と言えることでもあった。

総務課長は、早速、私のこの構想を総務課内に持ち帰って、組織再編を担当している班長、係員たちと協議を開始した。

3 年度内開設に反対する

この学力向上推進室の開設を巡って、協議は難航を極めた。まず、担当の班員が猛反対した。班長も課長も同調した。そうせざるを得なかった。総務課は、一日間を置いて、翌日には私との協議に臨んだ。総務課の総意として、年度途中の開設には反対であった。

総務課長も、班長たちも私の意を汲んで「教育長のお気持ちは十分承知しておりますが……」と前置きしたうえで、

「年度途中での新たな室体制の開設は、まず困難だと思います。教育長がご承知のように、教育行政の組織体制というのは、周到な計画の下に進められています。この組織体制のあり方は、今年、新しい県教育長が就任したからといって、教育長の意のままに変えられるものではありません。教育庁の監督機関である県教育委員会の同意の下に進められてきたものです。組織体制の変更は県教育委員会の専決事項でもあり、委員の方々を説得することが必要になってきます」

そこで私は、総務課長の説得を遮って、

「当然、それくらいは知っている。県教育委員の方々を説得するのも想定内だよ」

私が話し終えないうちに、班長が割って入ってきた。

「さらに、室体制の新たな設置、及びそれに伴って室員の増員となれば、知事部局の複数の担当課の意向も聞かなければなりません。室体制、組織定数についても、数年も前から周到に計画された青写真の下に描かれてきたものなのです。次年度からならまだしも、年度途中ではまず無理です」

傍らで聞いていた教育管理統括監も同調するように、「やっぱり、年度途中の開設は難しいだろ

うな。次年度開設ならまだ打つ手は十分にあると思うのだが」

最側近の教育管理統括監にそう言われると、全くの八方ふさがりになってしまい、自己不全感に陥ってしまっていた。

4 推進室開設への障壁

県教育委員会というのは、知事部局からも独立した行政機関である。しかしながら、知事部局も、県教育委員会も限られた県財政の枠内で行政業務を遂行しているわけだから、財政面で担当部局の意向が示される。

県教育委員会の予算が、知事部局の財政当局に委ねられている以上、当然のことであろう。組織体制のあり方を巡ってもそうである。人件費増を伴う組織定数増をどうするのか。県財政支出の削減を企図して、組織再編は財政当局にとっても常に大きなテーマとなってきた。

効率的な組織見直しという県全庁体制の下で、課の統廃合はもとより新たな課や室体制の設置が周到に議論されてきたのである。こうした議論も経ずに、唐突に新たな「推進室」を開設しようとするわけだから、無謀にも近かった。

「無理は百も承知のうえだ。でも、今開設しないと七回連続最下位は免れない。今やるしかないのだ」

私は、改めて意を決するようにつぶやいていた。確かに、推進室の設置には大きな障壁が存在する。

私は、学力向上推進室を設置する意義を改めて噛み締めていた。県下の小・中学校全ての学校意識を変えていかなければならない。全ての先生方の意識の変革に臨むのである。

それはまた同時に県教育委員会内部の意識をも変えていかなければならない。そのためにもまず、県教育長としての私の本気度を見せなければならない。推進室の設置は、これらの全ての組織の意識を変える大きな起爆剤としなければならない。どうしても、やり遂げなければならない。

5 「無理を承知でやってみましょう」

翌日、総務課長をはじめ、前日の議論に臨んだメンバーを呼んで私の意向を示した。

「学力向上推進室の開設について、昨日、みなさんの意見を聞いたのですが、私は決断しました。来年度の四月まではどうしても待てない。今設置しなければ、来年度も全国最下位となる。七回連続の全国最下位だけはどうしても避けたい。無理は百も承知のうえだ。みなさんのご苦労も、大変なことになるのも十分に理解している。どうか知事部局の担当者たちを説得してほしい。私が矢面に立ってもいい。お願いします」

私は、軽く頭を下げて続けた。

「この通りだ。設置に向けてあらゆる手を尽くしてくれ。私は絶対に退かないつもりだ」

総務課長は、県教育長が部下たちに頭を下げているのを目の当たりにして、私の決意が相当なものだと悟った。班長以下の部下たちに目を移しながら、私の決意に忖度《そんたく》してこう答えてくれた。

「わかりました。私たちも無理を承知でやってみましょう。これから、推進室の設置に向けて、事務的な整備を進めていきましょう。知事部局との折衝も並行して行います」

そして部下たちにも激励の言葉を発した。

「本県の児童生徒のために、やれるだけやってみようじゃないか」

部下たちは黙ったままだったが、私の決意が並々ならぬものだと認識したらしく、私を見つめて何度か頷いていた。私はこれから直面するであろう、総務課職員のご苦労を推し量っていた。

「一緒になって頑張ろう。みなさんに丸投げだけはしない。私も汗をかく。そのためにあらゆる手段を講じたい」

総務課の職員が退室した後、一人で深く大きく深呼吸した。

「賽《さい》は投げられた。後は全力でぶつかるだけだ」

知事部局の財政を司る財政課や各課再編・組織定数等を所管する担当課の班員はもとより、その課長たち及びその課長たちを統括する総務部の統括監や部長たちの頭が、どんなに石頭なのかも十分熟知していた。まだ指導主事である平《ひら》の頃に予算獲得を期して財政課等ととことんやり合ってきたのだが、その当時から私にとってみれば、彼らはテコどころかブルドーザーやユンボでも動かないような大きな鉄の塊のように思えてならなかった。そんな不動のような塊に立ち向かわなければならない。

「これまで、全国最下位脱出は不可能だという、呪縛に囚われていた学校意識への挑戦だ。そのためにも今始動せねばならない。絶対にやり遂げなければならない」

私は、心の底から込み上げてくる自分の熱意が、ほとばしるマグマのようにも感じていた。

6 知事部局との衝突

私の強い決意とその熱い思いとは裏腹に、知事部局と折衝した担当者の回答は、氷のような冷たい内容で、ほとばしるような高温のマグマを瞬時に冷却するようなものであった。

それは翌日の午後、総務課長と共に班長、担当者が来室し、知事部局の担当課と渡り合った結果を報告しにきた。最初は教育庁側と担当部局側の班員同士で協議を開始したようだ。

席に着く様子からは、どうやらばつの悪そうな雰囲気が漂っている。担当者が口を開いた。

「はい、まず担当班員にお会いして、年度途中の可能な限り早い時期に、義務教育課内を再編して新たな室を設置したいと切り出しました」

「ふむふむ……。それで……」

私は知事部局担当課に放った一発目のジャブの様子を聞いていた。

「最初、その担当者は私の意図する内容をうまく呑み込めない様子でしたが、私が説明を続けている中で、どうやら年度途中で新たな室を開設することだと理解して、かなり不快感を示し始めました。それでも、これは県教育長の思いだ、と強く訴えました」

「うん。それで」、私は身を乗り出して次の回答を待った。

「しかし、その担当者は、次第に顔を赤らめて怒りが込み上げてきたようでした。そして、この時期には、絶対にダメだと言い放ちました」

総務課の担当者は、そう言い終えると、申し訳なさそうに肩を落としている。

想定内とはいえ、やはりショックであった。相手側の担当者が「いったん持ち帰って協議してみよう」という生やさしいものではない。初っぱなから異を唱えている。こちらは軽くジャブを放ったつもりでも、相手側は思いっきりアッパーを放ってきたようなものだ。しかも、そのアッパーが真顎を捉えて、脳震盪《とう》を喰らったような感じだ。

7　絶対に引き下がらないとする強い決意

それでも、私は動揺を隠すように気丈に振る舞うしかなかった。

「そうか。わかった。これも想定内だ。みなさんは、まさかこれですごすごと引き下がるわけではないよね」

報告に来た総務課職員は、黙って下を向いている。

「今、始まったばかりだ。まずは担当レベルで何度も協議を持ってくれ。明日もう一度相手方に会って、私の引き下がらない、という強い思いを伝えてほしい」

私はこの担当者を真剣に見つめていた。次に班長に目を移して

「それから、班長にもお願いしたい。いずれ、班長レベルでも動いてもらいたいからよろしくお願いするよ」

私のこの言葉を聞いた課長たちは、「わかりました」と一言だけ発して、お互い交互に目を合わせながら席を立った。

私は、翌日もその担当者を呼んで、その日の担当者同士の話し合いの結果を聞いてみた。全く埒《らち》が明かないようであった。その様子を聞いて、比嘉主査を呼んで「班長にも来てもらうように」と指示した。

早足で入って来た班長に「どうやら、担当者同士ではどうしようもないらしい。そろそろ、班長同士でも協議を持ってもらいたい」と指示した。そして、「このことは、県教育長の強い意志でもある。絶対にやると言って譲らないことを伝えてほしい。そして、知事部の担当である総務部の課長及び統括監、総務部長までしっかりと伝えるようにと言ってほしい」とお願いした。

8 県教育委員会と知事担当部との相克

私は知事部局との協議と並行して、県教育委員会委員の方々の説得に努めた結果、全員が賛同した。私が委員一人ひとりと折衝し、丁寧に説明したのが功を奏したのだ。

「今設置しないと、次年度も全国最下位は免れない。次年度の全国学力テストが四月に実施されるのだから、その四月での開設となるとあまりにも遅すぎる」

県教育委員会の委員の方々は、全国最下位からの脱出が、県教育委員会のみならず沖縄県民の悲願でもあることを熟知していた。そして、今年度も六回連続で全国最下位という結果に、委員全員が落胆してやるせない思いでいたからだ。藁《わら》にもすがりたいような気持ちであったが、その藁さえも手にできないようなもどかしさを県教育委員会委員の全員が持っていた。

後は、知事部局担当課を説得することだった。班員同士の話し合いを始めて数日後に、班長と班員が比嘉主査を通して、新たな室設置協議の進捗状況を報告したいと申し出てきた。

私は、いくつか設定されている事務調整会議の合間を縫って、すぐに呼び寄せた。班長も係員も厳しそうな顔つきで入室して来た。私は席に着くように促した。班長は席に着くのを躊躇《ためら》う様子で、私の前に突っ立ったまま開口一番「やはり厳しいです」ぽつりと口にした。

それから、二人とも私に勧められるままに席に着くと、交渉の経緯を説明した。

「この新たな室の開設については、担当係員の方から、すでに相手側の班長、課長まで伝わっていました」

そこまで話すのを聞いて、私は「それで、課長たちは何と言っているの?」と尋ねた。「班長はもとより課長もかなり難色を示している状況です。課長が無理ならこの話はかなり難しくなりますよ」、班長はため息交じりに顔をしかめた。

担当課の班長、課長がそういう判断であるのなら、室開設に反対するのは、担当課としての総意ということになる。

9　難渋を極める室体制への移行

県行政に勤務した経験のある人なら、十分すぎるほど知っているように、行政内で進めようと企図している案件について、担当課長が反対するのであれば、この案件の進捗はかなり難しくなってくる。

私は再度念押しするように「そうか～。課長も反対だというのか」と二人を見つめた。二人とも、頷いて視線を落としている。

「それで、班長！この推進室開設の話は、総務部全体を総括する統括監や総務部長にもきちんと伝えてほしい、と担当課には伝えているのだな」

私のこの言葉を聞いて、班長は「はい。ぜひ伝えていただくように話しております」と、再び頭をもたげて私を見つめ直した。私は二人に対して「そうか～。二人とも本当にありがとう。よくやってくれた。ご苦労に感謝したい」と率直にお礼の気持ちを伝えると、「これで、引き下がることをしないで、どうか機会を見つけて何度でも協議に臨んでほしい」と一言付け加えた。

「もうちょっと、他の方法がないものか、探ってみよう！　それに、総務部長がどう判断するのか、それも待っておこう。班長も総務部長がどう判断するのか。それもぜひ確認してほしい」

二人は私の言葉に何度か頷いて、鉛のように重そうな足取りで退室して行った。

一人になった私は、年度途中の推進室の設置がかなり難渋しているのに辟易《へきえき》していた。知事部局の担当課が難色を示しているのである。班長、班員の先ほどの雰囲気からすれば、難色どころではない。きっぱり、ダメだと突き返されているのだ。

しばらくして、総務課長が入室してきた。

「知事部局の担当課が、かなり難色を示していることは先ほど聞いたと思います。ところで、推進室を設置するのに一つの案がありますが、よろしいでしょうか？」と尋ねてきた。

10 学力向上推進班を名称替えしよう

私は設置することを前提の案だと聞いて、前のめりになってその提案を待ち構えた。

「現在、義務教育課内には学力向上推進班があります。その班を形式的に名称替えして、学力向上推進室と謳うのです。室員の定数も現状維持でいくのです。今、知事部の担当課が懸念しているのは、教育庁内の人員を増やすことにあるのだと思うのです。

教育長もご存知のように、県庁内の各部各課の組織定数は、県財政の状況を勘案しながら、数年間のスパンで計画的に策定されてきているのです。つまり、担当課としては、県教育委員会とも何度にもわたって協議を重ねてきて、今年度の組織定数が確定された、という経緯もあるのです」

総務課長は、そう言い切った後で私を見つめ直すと、説得するようにとつとつと語り始めた。

「もちろん、知事部の担当課は県教育委員会の独立性と中立性を十分に弁《わきま》えています。県教育委員会の組織定数とは、私たち自身で策定し提案しているものなのです。これは、知事部が教育委員会の定数を削減しろとか、増員しろとか強要するものではありません。私たちが中・長期的なスパンから入念に計画して積み上げてきたものなのです。

県教育委員会内部においてさえも、各課の職員定数は最大の関心事となるのはご承知の通りです。課の定数一増一減を巡って常に大きな軋轢《あつれき》が生じてくるのはご存知のはずです。中・長期的なスパンから入念に計画されてきた県教育委員会の総定数を考慮して、各課の一減一増が、何度にもわたる内部協議を経て決定されていくのです。

この組織定数を今度は全県庁体制下での協議を踏まえて、各部局の組織定数が確定していくのです。さらに、この組織定数を所管する総務部に関して言えば、行政全体の適正な組織定数については、外部有識者会議等を通した真摯な議論をも考慮してのことになっているはずです。当然、知事や副知事等の承認の下で確定されているのです。そういう意味でも組織定数とは大変重要な課題でもあるのです。

それを年度途中から、唐突に室を開設すると言い出して、挙句に、担当課との約束事にも近い定数計画が破られてしまうのに我慢ができないのだと思います。他の知事部局の各課にも示しがつかなくなるのを何よりも恐れていてのことだと考えます。そういう経緯を踏まえてみれば、課の職員定数をそのままにして、班を室に名称替えするだけのことなら、十分に目をつぶるはずです。いかがでしょうか？」

11　推進室を設置する意義

総務課長は、さすがに筆頭課長だけあって、行政感覚に長け洞察眼がするどい。それに、私の唐突の案が、知事部の担当課を前に、いずれ引き下がらざるを得なくなるであろうことも、当初からお見通しであったはずだ。私が推進室を設置することを強引に主張した時に、部下たちが「無理です」と言おうとするのを、私に忖度して「わかりました。無理を承知で頑張ってみましょう」と、いったん引き取ったのだとわかってきた。私の顔をつぶさないための方策であった。

私は改めて、この推進室を設置する意義を自問自答していた。推進室を設置する大きな意義の一つは、義務教育課内を奮い立たせることである。今、六回連続の全国最下位で、義務教育課内は意気消沈している。担当の職員たちは、決して何もやってこなかったわけではない。六年間にわたってあらゆる手段を講じてきた。それが六回連続全国最下位というこの始末なのだ。今更、次の手立てとしてどうしようとか、この施策はどうだろうと言われても、どうにもならないことだと思い始めているに違いない。

あまりに疲弊していると言っても過言ではない。課全体が暗闇を彷徨《さまよ》い始めているのだ。彼らに必要なものとは、一筋の明かりなのだ。新たな推進室の設置が、彼らを希望に繋いでいくのだと信じている。

何事かを為そうとする時に、一番必要なこととは職員の意識を前向きに揃えることだ。そのためにも、新たな室の開設がその起爆剤となるはずだった。今、その構想がもろくも崩れようとしている。新たな室を機能させるためには、室長を配置すると同時に、二〜三人の増員はどうしても必要なのだ。課全体の意識を変えるとなると、現在の班の名称を室に変えるだけでは、とうてい覚束《おぼつか》ない。

12　崩落していく希望の塔

私の構想はそれで終わるわけではない。肝心なことは、新たな室を開設した後のことだ。県下全ての小・中学校の意識を変えるためには、学校訪問しかない。既存の業務に加えて、学校訪問というさらに大きな仕事が当該班にのし掛かってくる。現在の班員の枠内ではとても無理だと、彼ら自身が最初から意気消沈してしまう。モチベーションも湧いてこないだろう。こうした気持ちで学校訪問を開始したところで、学校は決してなびいてこない。そんなやるせない行為にも近いことは、絶対に避けたい。何よりも、スタートこそが肝心だ。

推進室の設置が与える影響は、義務教育課内だけではない。室というその存在が、そして室員の魂こそが、学校現場に新たな息吹を吹き込むことになるのだ。それこそが、大きな使命なのだ。一番肝心な学校意識を変革していくためには、室体制の開設しかない。

六回連続の全国最下位を目の当たりにして、がっかりしているのは県教育委員会だけではない。現場で頑張っている先生方もさらなる失望感に打ちひしがれているのだ。やっぱり沖縄県の子どもたちは、本土の子どもたちに比べて頭が悪いのだろうか。子どもたちばかりではない。自分たち先生方の資質能力も劣っているのか。学校だけではない。沖縄県民全体も失望している。沖縄の未来を託す子どもたちの低迷が、本県から希望を奪いつつあるのだ。こうした負の連鎖のくびきは、一刻も早く断ち切らなければならない。私には、教育委員会にそびえ立つはずの希望の塔が、まるでガラス細工のように崩れ落ちてきそうな感じがしていた。

どうしようか。総務課長の主張を前に結論を見いだせないでいる。じっーと、私を見つめている総務課長に「そうかー。やっぱり無理なのかなぁ。ちょっと考えよう」と寂しそうに口にした。総務課長は退室間際に、さっと振り向いて私の様子をうかがっていた。

その日は夜遅くまで寝付かれなかった。推進室をどうすればいいのか、やはり来年まで待つしかないのか。他の代替案がない以上、いつまでも、もやもや感が脳裏を離れなかった。深夜遅くになって、私は事態を打開するために、ある決断をしようかどうか悩み始めていた。私の体は心身ともに、使い古したボロ雑巾のようにくたびれ切ってしまっていた。

13　伝家の宝刀を抜く？

翌日、総務課長が班長と担当班員を連れて執務室に入って来た。総務課長は、部下と共にテーブルに着くと「どうやら総務部長の回答があったようです」と班長に報告するよう促した。班長は「総務部長は明確に反対したわけではないのですが」と前置きしたうえで、「担当課長たちの言い分を聞いて納得したようで、県教育委員会は来年まで待てないのか」と答えたと言う。

「案にたがわずか〜」肩を落としてため息混じりに、私はそうつぶやいていた。

予想していたことではあるが、やっぱり難色を隠せなかった。「明確に反対」しなかったのは、県教育委員会という知事部局から独立した行政組織に配慮したのかもしれない。あるいは、県教育長という特別職である私の立場を考えたのかもしれなかった。しかしながら、推進室の開設は「来年まで」待ってほしい、という方向性は示されたのだ。

私は総務課の職員を前にして、昨日深夜遅くまで、悶々と考え及んでいた経緯を説明した。迷っていることを打ち明けてみた。

「みなさんも当然よく知っているように、県教育委員会は、知事部局からも独立した行政組織である。県教育委員の全員が、推進室の早期開設を待ち望んでいる。知事部局の意向を無視して決行することもできるのだ。今、その伝家の宝刀を振りかざすかどうか迷っているところだ。私の決断はそこまで来ている」

総務課長をはじめテーブルに着いた部下たちは、ぴくっ、と緊張した面持ちで私を見つめている。ピーンと張りつめた緊張感が室内を走った。総務課長や部下たちは、私がそう決断し実行に走ることを何よりも恐れていた。私ならやりかねないことを熟知していた。

しかしながら、この選択は行政組織にとって最悪の選択となる。相手は、県全体の財政権を司る総務部だ。県教育委員会は実質的に独立した行政機関ではあっても、財政権は知事部局に握られている。その総務部に正面切って反旗を翻そうとするわけだから、後々どういうしっぺ返しが来るのか計り知れない。しかも、正論は向こうにあるわけだからあまりにも分が悪すぎる。

14 行政としての筋

行政には、業務遂行上の「筋」なるものがある。筋とは、これまで正常に運行してきた行政行為の手法をいう。この筋が、行政を行政たらしめている一方、他方では、この筋こそが時として大きな障壁をも生み出していく。縦横に張り巡らされた法律や条例・規則に則った行政行為であることは至極当然だとして、その筋とは、前例踏襲の行いや約束事のように課内・部局等の範囲内で、水面下にあるいは密かに取り決められた不文律の行為まで多方面に及ぶ。

それ故、ある案件を処理しようと臨むような場合、その案件に対してこれまでどのような行政行為を選択したかが常に大きなポイントとなる。前回までがスムーズにいっている場合など、あえてその行為の手法を変えようとすると、決まって難渋する。上司をうまく説得できないからだ。一班員がその筋を破ろうとすると、班長や課長が決して目をつぶることはないだろう。

行政には、部外者が簡単には理解できないような事例が多く埋もれている。良い機会なのでいくつか紹介しよう。

まず、県行政というのは、柔軟性に乏しい凝り固まった一面を有した有機体のようなものでもある。複数の課にまたがって関係する新たな事案が発生した場合などは、必ず所管争いが始まる。どの課にしてみても現在の業務で手一杯であるので、新たな業務が加わる事案などは可能な限り排斥しようとするからだ。優秀な職員たちが、それこそ多くの御託や屁理屈を並べ立てて、自分たちの所管ではないと正面切って論陣を張るから手に負えなくなる。同じ部局内に留まらず異なる部局間の争いに発展したりもする。

県議会議員の質問に対する答弁をどこにするかを巡って、必ず所管争いが生じてくるのはその典型である。どの部署にとってもやっかいになりそうな県議会議員からの質問を引き受けたくないからだ。特に新たな事案であるとか、前例のないような内容なら決まって所管をどこにするのか難渋する。県民からの問い合わせに対しても、あるいは何事かの懸案事項についても各部各課をたらいまわしにされたりするのはこうした理由からだ。

15 意思決定における学校と行政の違い

さらに行政とは、徹底した上意下達の世界だ。班員レベルが何よりも気にするのは上司の判断だ。班員は班長に、班長は副参事や課長に、課長は統括監や部長に、部長は副知事や知事にというふうに。県庁全体の人事権や財政権を司る総務部なら、一般の部局よりもなおさら上意下達が強くなる。この判断の序列も、また一つの筋でもある。

これは学校のような職員会議とは、様相を全く異にする。学校現場から教育庁に異動して来た指導主事が、最初に困惑するのがこの序列化された組織体制にある。

学校現場では、校長・教頭等管理職以外は全てが平等のような組織だと揶揄《やゆ》されるはそういうことだ。確かに生徒指導部や進路指導部などにおいて校務分掌上は主任というまとめ役がいるが、あくまでもその分掌上の立場でのまとめ役でしかない。ある重要事案が審議される職員会議ともなれば、彼らは、校長や教頭などに対しても矛先を向けて堂々と批判したりする。時として、校長の決断に真っ向から異を唱える主任の存在も少なくはない。それ故、職員会議そのものが紛糾する場面も多々経験してきた。

ところが、行政では学校の職員会議のように、全職員が一堂に会しての協議を持つことはない。懸案事項が発生しても班長が決断する場合があるし、あるいは班長レベルで処理できない場合などは、課長の決断を仰ぐことになる。課長の上には統括監や部長がいる。決裁権は常に上司の手に委ねられる。

行政が何よりも気を配るのは、行政行為としてのこうした筋なのだ。前例を踏まえる、いわゆる前例踏襲主義にこだわる、と言い直しても良い。逆に行政マンが一番嫌うのが、うまく機能してきたはずの前例が破られることだ。突き詰めて言うと、これは、行政の瑕疵を一般県民から厳しく批判されることを避けるためでもある。例えば、行政行為に何らかの瑕疵を指摘された場合には、よくこれまでと同じ手続きを踏まえていることを強調する。失敗に対する批判を前任者に転嫁することができるからだ。逆に言えば、前例を破って新たな手法を選択するのは、失敗した時のリスクがあまりにも大きいからである。失敗の責任を担当する上司が被ることになるのだ。

前々回はこう判断したのに、前回は違う判断をした。そして、今回は別の判断を選択したとなったら、行政の継続性に対する説明責任も問われることになる。こうしたことに対して、県民は当然疑問を持つことになるだろう。一担当員が、こうした筋を破ろうとした場合、上司にあたる班長や課長が絶対に許してくれないだろう。

この筋なるものが、行政の正当性をして、評価されたり批判されたりもするのだ。この筋とは、全て正論とは限らない。行政論として誤謬がありながら、長い間黙認されてその瑕疵が問われてこない場合もままある。それ故に、長年にわたる悪習を引き継いでいたりする例が、マスコミによって叩かれたりするのだ。つまり、行政とは全体としてみれば、常に正論と誤謬を抱え込んでいる組織体なのだ。これは、行政を経験していない一般県民には、理解しがたい部分でもある。

16 県知事への直訴

事前調整もなく、年度途中での組織改編や職員加配は、こうした意味でも筋の通らないことでもあった。四月の新体制の発足の際に、理屈を通されて人員削減を断行された関係部や課の職員たちに対しても、示しがつかないことでもあった。

その時の私の心境を振り返ってみると、打ちひしがれるような挫折感に陥っていた。まさに、希望の礎となるモチベーションが決壊して、希望という希望が奈落の底へなだれ込んでいくようでもあった。

それからしばらくの間、私はこの問題をどう解決すべきか、悩みに悩み抜いていた。そして、ある結論に達した。それは、県知事に直談判するしかない、という結論であった。

当初、総務部長と直接協議を持つ段取りを考えていたが、確かに総務課の職員は「総務部長は明言を避けた」と説明をしてくれた。しかし難色を示したことに間違いなかった。こうした状況下で、総務部長から行政の筋なるものを指摘され、「来年度まで待ってくれ」と、押し切られてしまった場合、選択の余地がなくなってしまう。その後で、県教育委員会が知事部から独立した行政機関であることを振りかざしても、今後総務部と県教育委員会との関係において、気まずい雰囲気が立ち込めていく。教育庁内の行政職員が一番懸念される事態を招きかねない。

同様に、総務部長と意見を違《たが》えた後に、県知事との直談判に臨むことは、総務部長の顔をもつぶしてしまう。むしろ、総務部長を飛び越えて、県知事に直談判する方が無難だ。これも筋の通らない話であるが、この時点においては、一番実現可能性の高い選択肢であった。総務部長の顔をつぶしてしまうかもしれないという一抹の不安はあったが、背に腹は代えられなかった。

17 「不退転の決意だ」

県知事に直接お願いするのは、もう一つ理由があった。全国学力テスト全国最下位という不名誉な事態については、知事自身がいつも気にしていることでもあったからだ。当時の県知事は、「全国最下位脱出はいつになるのか」と私によく問いかけてきていた。私からすれば、知事が「全国最下位を絶対に脱出してみせると明言している以上、二〜三名の定数増員など大目に見よう」と言ってくれるに違いないという思惑があった

それに、今回の県議会での与党系の県議会議員から、厳しい質問が飛び交ったことも熟知している。懸案事項については、知事自身が行政事務上の手続きや筋道を破って、部長たちを飛び越して直接に課長や班長たちを呼んで、上意下達にことを進めることが多々あったのを私自身よく知っていたこともあった。

私は県知事と直談判をすべく、両統括監、参事及び総務課長を集めて、その段取りに入ることを伝えた。まなじりを決して「不退転の決意だ」と言い放った。

私はこの学力向上推進室の設置について、年度途中に開設する意義を改めて示したうえで、私の並々ならぬ決意を吐露していた。部下たちには、知事への説得が、万が一でも不発に終わった場合でも、いよいよ県教育委員会の独立性を主張すべきだと、そのまま突っ走る決意であることも口にしていた。いずれにしても、室の開設に入っていくだけだ。それだけ私の決意は固まっていた。

18　知事部・総務部との交渉

この日は、教育庁内に緊張感が走っていたように覚えている。教育管理統括監の部屋に急ぎ足で総務課職員が入っていく。たまたま私が会議のために執務室を出る際に、その光景を目の当たりにする。会議を済ませて執務室に入ろうとすると、教育管理統括監室はドアが閉まったままだ。どう

やら総務課長やその部下たちが、この件について改めて論点を整理し合っているのだろう。総務部を飛び越して知事への直接交渉に臨まんとする私の重い決断にどう対処すればいいのか、議論しているのに相違ない。この話は、その日のうちに総務部まで伝わっていた。

私は、秘書役の比嘉主査を通して知事との日程調整を進めていた。あいにく知事が外出のため知事への直談判は、翌日以降に持ち越された。

その日の夕方頃であった。この推進室開設の事態が劇的に動き出していく。私の執務室に教育管理統括監がノックして入って来た。

「お時間をいただきたいのですが。報告したいことがあります」

笑みを浮かべている様子に、一瞬戸惑いを感じながらも入室を促した。教育管理統括監の後に総務課長とその部下たちがいそいそと入室してきた。

「みんな揃ってどうしたの?何があったの?」と一行を見廻しながら問いかけていた。不思議なことに、みんなの表情が明るいのだ。

総務課長は、「実は先ほど総務部担当課長に呼ばれて行ってまいりました」と切り出した。

19　嬉しい報告—新たな室体制のスタートへ

総務課長は続けて

「嬉しい報告です。結論から先に言いますと、年度途中での推進室設置が認められることになりました」

私は驚嘆した。

「い、今、何て言ったぁ？　新たな室の開設が認められたって〜！　どういうことなの？」

半信半疑ながらも、テーブルに身を乗り出して続きを促した。

「そうなのです。本当です。総務部が納得してくれたのです。ただし、今回だけは特例として認めたいとのことでした」

総務課長も嬉しそうだ。班長や担当者たちも、私と協議してきたここ最近の憂鬱そうな顔つきなど、どこかに吹っ飛んだように、明るく笑みを浮かべている。私は思わず、「本当にホントなの？」と、一行に改めて目をやると、みんな、〝うんうん〟と首を縦に頷いている。彼らに言葉こそなかったものの、私にはそれだけで十分であった。その瞬間、「よくやった〜。みなさん、ありがとう。もちろん、今回だけの特例で十分だ。ホントッありがとう」と雄叫《おたけ》びにも近いトーンで声を張り上げた。絶叫である。

私は満面に笑みを浮かべて心から喜んだ。そんな私を見て、みんなも喜びを露にしている。

総務課長は続けた。

「知事に直談判をするという教育長の強い決意を受けて、教育管理統括監にも動いてもらいました。教育管理統括監が改めて総務部長に掛け合ってくれたのです。その後、総務部内で色々な思惑が働いたと思います。そして、先ほど総務部担当課長に呼ばれて行ってまいりました。今回だけ特例だということで納得してもらったのです。教育長の熱い思いが、やっと伝わったような気がいたします」

私は「そうかー。教育管理統括監も改めて動いてくれたんだね。みなさんのご苦労に心から感謝したい」と、言いながら教育管理統括監に目を向けた。統括監も私を見て頬を緩めて軽く頷いている。私は一行を見廻して、頭《こうべ》を垂れながら、何度も感謝の念を伝えた。そして総務部長や関係職員にも、感謝の念を伝えてほしい旨お願いした。

教育管理統括監は知事部から県教育委員会に出向して来た職員で、当然、総務部長とも気心を許す仲だと知っていた。総務部長も、私がそこまでも強い決意でいることを改めて痛感したのであろう。県教育委員会という特別な組織であることにも配慮してくれたのかもしれない。本当にありがたかった。総務部との軋轢を寸前で回避できたのだ。

「よっしゃー！　これから全国最下位脱出に向けて全力投球だ」、私は両手を握りしめて、再度雄叫びにも近い声を発していた。

20　始動する学力向上推進室

善は急げだ。時刻は午後八時を過ぎている。私は、義務教育課長がまだ在室していることを確認すると、課長以下まだ残っている学力向上推進班員を全員教育長室に呼び集めた。こんな時間帯で、しかも課長をはじめ学力向上推進班全員が「すぐに来てくれ」と呼ばれているわけだから、当然びっくりしたであろう。「一体全体何があったのだろうか?」と言わんばかりに、課長を先頭に小走りに入室して来た。

「嬉しい知らせです。先ほど、教育管理統括監と総務課長を交えて決定したことなのですが、みなさんの学力向上推進班を学力向上推進室に格上げすることになりました。室体制への移行は、年内で可及的速やかに設置する方向でいます。現在の学力向上推進班員に加えて、新たに指導主事を二人加配します」

現在、一〇月の下旬に差し掛かっているのだが、一一月一日のスタートを考えていた。指導主事の加配は当初二~三人を想定していたが、明確に二人と位置づけた。無理を通してくれた知事部局総務部にも敬意を表して、三人より二人の加配でいいだろうと考えたからである。

義務教育課長は信じられないような顔つきで問いかけてきた。

「教育長。本当の話ですか。年内と言うのでしたら、一一月か一二月しか残っていないですよ。こんなに大至急なのですか?」

私は、「そうだ。できるだけ早い方が良いと考えている。私としては、一一月一日に開設したい」と答えると、集まった職員が目を丸くして、お互いに信じられないという顔つきで見合わせている。

続けざまに義務教育課長は「年度途中で二人増員も可能なのですか」と丸くした目をさらに大きく見開くように質問してきた。私は間髪を入れず「そうですよ。これまで、かなり難渋してきたのですが、知事部局をはじめ教育庁内でも全て了解を得てあります。それから、加配する職員については、私も人選をするので、みなさんの方でも推進室に新たに配属される指導主事候補を探してほしい」と答えると、座っている職員たちは、隣通しに顔を見合わせながら小声でざわめき始めた。

21 「全国最下位を脱出してみせます」

義務教育課長はつい先ほどに決まったということが、まだ信じられない様子で続けた。

「指導主事を新たに加配するということなのですが、これは学校現場から引き抜いてくるのですか?」。私は「そうですね。緊急の課題になると思います。基本的には、学校現場から引き抜いてくる形になるのではないでしょうか。私の選択肢としては、行政内部からの異動も考えているところです」と答えた。

同席した班長も続けて言う。「推進室ということは、室長が置かれるということですか?」。私は同様に「もちろんです。新たに加配する二人の人選をはじめ、全てはたった今からスタートしていくわけです。義務教育課職員の全員の理解と協力が必要となります。ぜひ私と心を一つにして頑張りましょう」

しばらくの間、いくつかの質問が私に対して発せられた。みんな真剣な眼差しだ。ある程度質問に答えて納得してもらった瞬間に、みんなの顔に笑みがこぼれてきた。

再度全員を見廻し、ここで改めて私の決意を語ることにした。そんな私の様子を察知して、みんな腰を伸ばして私の方向に目を向けてきた。

「みなさん十分ご承知のように、本県は六回連続全国最下位という屈辱にも近い状況に甘んじてきました。六回も連続して全国最下位を脱し得ないことに、県民全体が意気消沈しています。県教育行政に県民全体が失望している。本県教育界にはまさしく暗雲が立ち込めている。学校全体、子どもたちや保護者をはじめ先生方も全員が一様にがっかりしているのだ。

今、学校現場は、もうどうせ頑張っても無理なのだ。本県の子どもたちは、やはり全国最下位の学力レベルでしかないのだ。子どもたちばかりではない。先生方を含めて学校教育自体のレベルが全国最下位なのだ――こうした思いに駆られている。学校の意識は最悪なまでに低迷している。これらを全て、しかも一刻も早く払拭しなければならない。七回連続の最下位だけは絶対にあってはだめだ。そのためにこそ、この年度途中で新しい室体制を開設するのだ。ぜひみんな！　私と共に頑張っていこう。みなさんだけに難儀はさせない。私も一体となって、みなさんと共に汗をかく覚悟だ。私は死に物狂いになって全国最下位を脱出してみせます」と、言い切った。

22　「教育長やりましょう！」

私は前々から課長や班長たちに、ぜひ実行に移したいと話していた構想を改めて示していた。

「新しい室体制をつくって、新しいメンバーと共に、徹底した学校訪問を実施したい。次の全国学力テストまであと半年しかない。それまでが勝負だ。まずは小学校から開始しよう。小学校を全国最下位から脱出させて、学力の向上をしっかりと定着させた後に中学校を考えよう。県教育委員会から、直接に市町村教育委員会所管の小学校に出向くのだ。学校の意識を変えていくにはそれしかない。問題の本質は学校現場にある。私もみなさんと一緒になって小学校巡りを徹底したい。学校意識を変革しよう！」

「教育長やりましょう！全国最下位脱出に向けて私たちはやりますよ」——班長のこの言葉に続けて、誰もが口々に「やりましょう。頑張りましょう！」と、声を張り上げた。私が待ち望んでいた一声である。涙が出るほど嬉しさが込み上げてきた。この意気込みをどれほど心待ちにしてきたことか。年度途中で推進室が設置されるということは、次年度の全国最下位脱出に向けて、大きな起爆剤になると改めて意を決している。漆黒の闇に暁光が差し込んできた瞬間であった。これで教育庁内の意識は変わる。後は学校意識の変革に繋げるだけだ。

明るい歓声が教育庁一三階全体に行き渡り、こだまとなって響き合っているようであった。

23 「学力向上推進室」と命名

私はしばしの間、今日中に済ませなければならない文書の決裁を手際よく済ませて、義務教育課のメンバーと待ち合わせている居酒屋に向かった。

すでに三名は席に着いていて、私が来るのを待っていた。まずはビールで乾杯だ。ビールジョッキを片手に差し出す乾杯の響きも、一味も二味も異なって感じる。みんなの言葉にも、笑顔にも嬉しさが充満している。無上の佳味。今日のこのビールの味こそがそれではないかと感じられる。

私は、この場に集まって来た義務教育課幹部のメンバーに、これまでのご苦労に感謝を述べた後で、新しい室を立ち上げるのが行政手続き上どんなに大変であったのかを解説した。

義務教育課長は、行政の筋をよく熟知しているだけに今回の新しい室の開設に感服した様子で、「私は正直に言って職員を増員させるのは到底無理だろうと、部下たちと話していたのです。人員が増えるとことに。みんなすごくやる気になってますよ」私はその言葉を聞いて、ビールのジョッキを一気に飲み干した。

私もやる気が満ちてくるのを感じた。「新しい室名を学力向上推進室と名付けたい。新しく配属されるメンバーだが、二人のうち一人は、県立総合教育センターに勤務している髙木眞治指導主事を推薦したい」と人事の話を切り出した。「髙木先生ならよく知っています。適任だと思います」班長が頷くと、義務教育課長も首を縦に振りながら「私もよく知っています。髙木先生でいきましょう」と賛同してくれた。

「後の一人はみなさんが持ち帰って、適任者を探してください。時間がないので明日中にお願いします」「私と皆さんから以外にも、他からも候補者を募って緊急の人選会議を開きたいと考えています」

そこまで言うとみんな相好《そうごう》を崩して何名かの人物を挙げて議論を始めている。しばらく、彼らの話に耳を傾けた後で、再度推進室体制に話題を変えた。

24 「合言葉は全国最下位脱出だ！」

「新しい室は、一一月一日に発足したい。可能な限り早く室体制を構築したい。推進室の設置が決まったからには、一番切れのいい日で進めたい」。みんな感心したように頷いているが、推進班長が一つ疑問を呈してきた。「一一月一日って？　あと一週間もないですよ。室体制への移行に必要な事務手続きは間に合うのですか？」

そうなのだ。その辺が心配なのだが、私は「この点については、ちょっと心配ではあるが、私が何とか注力しよう。とにかく一日でも早く開設したい」と言うと、みんな納得して「わかりました」と声を揃えた。

そして、先ほど私が伝えた小学校巡りについて理解と協力を求めた。

「もう何度文書を発してもだめなのだ。文書だけでは、全ての学校を変えることは無理だ。校長をはじめ先生方の意識を変えるには、私たち県教育委員会が直接学校に足を運ぶしかない。私たちが直接に学校に出向くことによって、学校意識を変革するしかないのだ。全国最下位脱出という超難関な問題を解決する術は、学校現場にしかない。机上でどんなに議論しても現場はなびいてくれない」

この私の考え方については、もちろんみんな賛同してくれた。

嬉しさにお酒が加わり、かなり上機嫌になって場が盛り上がってきた。私は、「絶対に学校意識を変えよう。合言葉は全国最下位脱出だ。頑張ろう！」と、お酒の入ったコップを片手に持って、高々と振り上げた。みんな同調して、ジョッキグラスを片手に大声で「全国最下位脱出だ。カンパーイ」と、勢いよくグラスを合わせた。

25 問題の本質は学校現場にある

念願の推進室の開設が決まった。しかし、新しく推進室を開設し、学校現場をどんなに鼓舞しようと、何度学校訪問を重ねたところで、先生方の意識が変わる保証は何もなかった。

学校訪問をしたところで、全体の何割かの学校は前向きに意識が変わるかもしれない。ところが全体の意識を変革できるかどうかと言えば、全くの未知数であった。正直言って、藁をもつかむ気持ちだった。ただ、県教育委員会では、全国学力テスト最下位脱出に向けて、子どもたちの学習環境の改善に努め、またそれに資するべく色々な施策を策定し、それを文書でもって学校現場に通達してきたのは事実である。しかし、それが学校現場に響いていかなかった。実際、六回連続も全国最下位を脱し得ないことは、何よりもその証左であろう。さらに、子どもたちの学力がそれなりにしっかりと根付いているはずだという最大の前提も、私の独り善がりかもしれなかった。

ただ、それなりの根拠はあった。県立総合教育センター所長の頃、小学校で出前授業を行う担当指導主事に同行した授業風景での感触である。また、全国学力テストにおいても、小学校の部では着実に全国平均との差を縮めつつあった。さらに、今回の全国学力テストの分析でも、これまで低迷していたいくつかの小学校において、校長が変わることで、劇的に改善が図られた事例が私の心に宿っていた。

これまで、公文書の発出による効果を期待して、可能な限りの学校指導をやってきた。もうこれ以上、どんなに公文書を発しようが効は奏しまい。残された手段とは、私たちが直接に学校現場に出向く以外にない。問題の本質は、学校現場にあるのだ。私たちが現場に赴くことによって、「何か」が変わるはずだ。変わるであろうはずの、この「何か」にかけるしかなかった。

義務教育課の職員に、学校訪問を実施しても何も変わらないのでは、という疑問を持たせてはいけない。あと半年しかないのだ。そういう疑念を抱かせてしまったら、また暗澹《あんたん》たる雰囲気に逆戻りさせてしまう。元の木阿弥にしないためにも、私自身、強い気概を披露していかなくてはならない。私は、最終バスの中で、一人「やるしかないんだ」、と拳を握りしめ自分に言い聞かせていた。

26 希望を学校現場に届けたい

その後の数日間は、慌ただしい毎日が続いた。まず、教育庁内に新たな室の開設に向けての事務手続きを急いだ。さらに、推進室開設についての新聞等マスメディアへの周知も急いだ。県内大手二紙は、推進室開設を大きく取り上げてくれた。これは、県内全小・中学校に向けて、「県教育委員会は本気になって取り組むつもりだ」という格好のアピールとなった。私たちは並行して、市町村教育委員会との連携構築も最重要課題と位置づけて取り組んでいった。

「さぁ、これから仏像に魂を入れる事業を行わなければならない。学校現場に新しい息吹を吹き込むのだ」

これまで頑張ってきた推進班班長を、推進室長に昇格させることも教育庁幹部全員が賛同してくれた。加えて、学力向上推進室に二人の指導主事が新たに配置された。一一月一日付の辞令となる途中人事だ。一人は男性で、先に触れた県立総合教育センターから髙木指導主事を。つまり、行政機関から行政機関への横滑りの異動になる。

もう一人は女性教諭で、学校現場からの引き抜きの有銘祐子先生だ。有銘先生は、何事もグイグイと推し進めるタイプで、強いリーダーシップも有している。同僚の先生方からの評判もすこぶる良い。これで陣容は全て整った。

私は、義務教育課内に設置された学力向上推進室全職員を教育長室に集めて、スタートに向けて檄を飛ばした。年度途中で新たな室を設置した意義、全国最下位脱出が室員一人ひとりの双肩に掛かっていること。次回実施予定の全国学力テストまで残り半年もない。その期間中において可能な限りの学校訪問を実施すること。学校訪問に向けてより効果的な展開と一校一校丁寧な対応を期すことを指示した。

目の前にいる室員たちは、全て明るい笑みを浮かべて私の言葉に頷いている。輝かしい希望が差し込んでいるかのようであった。この希望を学校現場に届けたい。いよいよ新たな体制の幕開けだ。

「さぁ!学力と貧困という呪縛への挑戦だ!ばんみかせー（島言葉で「バンとぶち当たれ」とか

学力向上へ推進室

学校訪問し教師に授業助言

「学校現場と連携することで学力を上げ、全国30位台を目指したい」と話す諸見里明県教育長（中央）＝29日、県教育庁

県教育庁 全国学テ30位台目標

沖縄タイムス提供

第6章　学校訪問の開始

1　学校訪問の開始—北部地区からのスタート

推進室の立ち上げと並行して、私自身から学校訪問の口火を切った。県教育長職はかなり多忙だ。出勤してから過密なスケジュールの毎日だ。一日五～六分の時間さえ、自分の自由に使えない日も多い。私は、軽微な決裁、業務調整や会議のあいさつ及び表敬訪問に来るお客様への対応等を両統括監に割り振って、なるべく多くの時間を割いて学校訪問に当たることにした。それでも、三〇校くらいを回るのが関の山だろうと考えていた。

最初の学校訪問は、北部地区からスタートすることにした。沖縄県は小さな島国ではあるが、教育行政を担う便宜上、本島は北部地区、中部地区、那覇地区、南部地区に四分され、それに離島区を所管する宮古島地区、八重山地区が加わる。その行政区分に対応して、北から県立国頭《くにがみ》教育事務所、県立中頭《なかがみ》教育事務所、県立那覇教育事務所、県立島尻教育事務所、県立宮古教育事務所と県立八重山教育事務所が、それぞれの地区の教育委員会及び小・中学校を担当している。

最初の訪問校は、本島北端近くに位置する国頭村立の小学校だ。一学年二～三名程度のかなりの小規模校だ。一年生や二年生が、合併した複式学級において授業を行っている。教職員数も全員で六～七名程度だ。

私は教育長専用車で、学力向上推進室指導主事を随行にして訪問校の校門をくぐった。出迎えが一〇名以上もいるうえに、ほぼ全員が黒系のスーツ姿でいることにびっくりした。義務教育課内に新たに設置された学力向上推進室のメンバーが、随行員の他に三名ほどで迎える手はずになっていることは知っていたが、先生方が全員総出で迎えているのだろうか。子どもたちは授業中であるだろうし、複雑な思いで車から降りる。

国頭教育事務所の所長を筆頭に、同事務所内の学力向上業務に従事する担当指導主事が三名。国頭村教育委員会指導主事が二名。それに推進室のメンバー。残りは校長、教頭等教職員である。つまり、当該学校の全職員よりも訪問者の数が多いのだ。

私は、出迎えてくれた一行に、一通りのあいさつを済ませて、校長室へと向かった。山間《やまあい》の小さな学校だけあって、校長室も一回り小さい。そこで、私は今回の学校訪問の意義を強調した。当該校長も、九月一三日に開催した緊急校長会に参加していて、すんなりと話が進んでいった。校長から当該校の歴史や地域の様子、子どもたちの教育環境、特色ある学校づくりへの取組などについて説明を受けた後で、授業参観に出向いた。

2 へき地校への学校訪問—複式学級の課題

最初は小学校一・二年生の合併クラスだ。一〇名近くの黒っぽいスーツ姿の訪問客に、低学年の子どもたちや担任の先生は目を白黒させて私たちの授業訪問を見守っている。私は後ろの戸を静かに滑らして、室内に座っている子どもたちを見廻した。子どもたちは一斉に私の入場に目を向けている。私は軽く一礼し、校長と共に入室した。

担任の先生はちょっと緊張した面持ちで、私たち訪問者を紹介してくれた。「はーい。良い子のみなさん。今日は県の教育長をはじめ教育事務所、村教育委員会の先生方が大勢でみなさんの授業を見にきてくれています。元気よくいきましょうね！」と先生が一声を発すると、子どもたちは一斉に私たちの方を見据えながら、大きな声で「は～い！」と返事をしてくれた。ここでちょっと緊張感が途切れたようで、白い歯を見せて担任に向き直っている。

六～七名の子どもたちを一〇名以上の参観者が取り囲んでいるのだから、かなり重々しい雰囲気だ。複式学級なので、教室の半分は一年生で残り半分は、その一年生と逆向きに座った二年生が授業に臨んでいる。学級担任は一人なので、まず三～四人の一年生の授業を展開した後で、その子どもたちに練習問題や調べものを与えると、担任はその子たちと逆向きに座している二年生の授業に回ることになる。

私は複式学級の存在は知っていたが、こうして授業展開を見るのは初めてだ。その不思議な授業展開に複雑な思いを寄せていた。一年生と二年生併せても六～七名程度の児童たちを行ったり来たりして授業を展開するのだ。普通なら、担任一人が一年生に付きっ切りになって、まるまる一時間授業を行うところであるが、このような複式学級ではその半分の授業時間でしかない。ここには、平地校と比べて教育環境にどうしても格差が生じてしまう。三～四人の子どもでも、きちんと担任一人を配置するべきではないのか。

私は、県教育長としてやるせない思いが募ってきた。この目の前にいる子どもたちも、他の地域に通う子どもたちと同じように義務教育なのだ。行ったり来たりする授業と、その時間に集中して行うことのできる授業とは、学習効果にどうしても差異が出てくるのではないのか。義務教育に格差があってはならない。大きな課題を見せつけられた思いであった。

私たち一行は、順次、三・四年生学級、五・六年生学級を見て回った。特に、次年度全国学力テストを受ける五年生には、長めに時間を割いて学習状況を観察した。授業視察の終了後、再度校長室を訪ねて、校長、教頭や授業の空いている教員に集まってもらった。学力向上推進室の担当指導主事が、当該校訪問のために準備した学力状況分析会を設けるためだ。

3　訪問校における学力状況分析会

推進室が作成した当該校を細かく分析している資料には感動を覚えた。これまで実施されてきた全国学力テストはもとより、県教育委員会が独自に実施している学習到達度テスト等を、その訪問校のために入念に分析していたからだ。この数年間の学力の推移や算数、国語など主要教科を引き合いに出して、子どもたちの学びに向かう姿勢、長所や短所等の特徴点。そしてつまずきの多いところ、伸ばしてほめるべきところなど多岐にわたって分析している。それに、今回の授業視察を基に、授業の展開や板書の工夫の仕方、子どもたちへの発問の仕方などを指摘して、望ましい授業づくりを唱えている。今後の授業展開のあり方もこと細かに提言してくれた。それに、宿題を通しての家庭学習の必要性も訴えた。「家庭学習ノート」を作って活用すべきだと強調する。

このような分析会の場に参加している国頭教育事務所や村教育委員会の指導主事たちも、学力向上推進室員の施す指導に対して感銘を受けている様子であった。ひととおり推進室員による指導助言を終えた後で、総括として私から激励のあいさつが設けられていた。

私は率直に授業視察の感想を述べた後で、再度、今回の学校訪問の趣旨に触れて、「次年度こそは全国学力テストの躍進に向けて、校長・教頭のリーダーシップの下で、学校取組の再構築をお願いしたい」と力説して、次の訪問校へと向かった。

午前中のうちに、同じく複式学級を持つ小規模校の学校訪問を終え、途中で昼食を済まして名護市内の普通学級へと向かった。名護市は本島北部に位置する唯一の市で、人口三万人を擁している。名護市には大小一三校の小学校があり、全国学力テストの成績で言えば、本島内の他の三地区と比較して低迷している状況にあった。推進室の立場からすれば、重要拠点地区に挙げられている。

4 名護市立小学校訪問

私たちは、午前中に訪問した小学校と同様に、校長室での当該学校に係る特色や保護者等の様子及び学習環境等を聞き取りし、私から今回の学校訪問の趣旨等を強調した。同市の教育委員会指導主事や国頭教育事務所の班長等も加わり、さらに視察員が増えていた。

授業視察に出ると、そこでも同様に十数名に及ぶ大勢のスーツ姿の訪問者を目の当たりにして、子どもたちや先生がびっくりして緊張する場面が伝わってきた。私たち一行は静かに授業を続ける教室内に入り込む参観者と廊下側に立った参観者たちに分かれて、それぞれが授業の様子を観察した。私は机間に入り込んで、腰を低くして子どもたちのノートにも目を配る。しばらくすると、教室内の緊張が薄れていくのがわかる。

子どもたちはやはり元気一杯だ。私たちの訪問を歓迎しているかのようだ。先生の発問にも嬉しそうに答えている。校長の先導によって、早めに五年生の学級に足を運んでいった。そこには、すでに推進室の指導主事が入室していて、授業観察に入っていた。次年度全国学力テストに臨む学年であるだけに、推進室のメンバーは同学年の数学級に分散して臨んでいる。

授業観察を終了すると、これまでと同じように校長・教頭や教務主任、研究主任等時間の空いている先生方を集めて学力状況分析会を持った。この学校でも、前訪問校と同様に推進室メンバーは、こと細かに当該校の学力状況を分析し、わかりやすくグラフや表にして分析している。ここ数年の学力点数を図表化した比較分析はもちろんのこと、課題として挙げられる学習のつまずきや特に力を入れるべきポイントを強調する。

彼らが張り付いて見ていた五年生担任の授業については、厳しい指摘が展開された。子どもたちから解を引き出す発問の仕方、本時の「めあて」を提示した板書のあり方、ノートの効果的なまとめ方等々、多岐にわたっている。私も同感であった。授業づくりがどんなに大切であるのか、手に取るように伝わってくる。さらに、取りこぼしのないような補習体制の組み方、「家庭学習ノート」の活用も奨励している。さすがに指導主事だという思いが募った。

5　名護市教育委員会を激励する

指導主事たちはもともと学校教員であり、学校現場で優秀であるが故に教育行政に引っ張られてきたメンバーたちだ。現場の教育のあり方を知悉《ちしつ》している。集まってきた先生方は、推進室指導主事からの指摘事項を一生懸命メモしている。校長、教頭も真剣に臨んでおりメモ取りに余念がない。私は当該校の今後の学校体制が、確実に変わるであろうことを実感した。

最後に私からの激励のあいさつ。私は、子どもたちの学力向上の責任が第一義的に学校にあること。次回実施の全国学力テストまであと半年間しかないこと。全国学力テスト最下位脱出に向けて、ぜひ学校が一丸になって取り組んでほしい旨お願いする。

また全国学力テストの過去問題も提供した。過去問を分析して有効に活用してほしいためである。例えば、算数における図形の面積の求め方において、子どもたちは教科書通りの解を正確に答えられたとしても、その図形の組み合わせや底辺の長さなど、条件がちょっと変化しただけでも戸惑ってしまうことがある。さらに、それを文章にされた場合の、微妙なニュアンスの変化でさえも、子どもたちは迷路に陥りがちだ。そうした問題の変化や違いを過去問から拾い出してほしい。そういう意味では、全国学力テストはかなり上質な内容の問題が出題されている。

私はその日の学校訪問を終えて、名護市教育委員会教育長室を訪ねた。名護市の教育長は、公立学校の校長出身者でもあり個人的にも旧知の方であった。私は、今回の県教育委員会による学校訪問の趣旨を理解してご協力をいただけたことに、心から感謝している旨伝えた。市教育長も県教育委員会がわざわざ足を運んで学校訪問していることに感謝している。私は同行している推進室のメンバーに、名護市内の小学校の学力について助言を求めた。この際にも改めてびっくりした。彼らは名護市在の全小学校の学力分析を行っていたのだ。

彼らは用意した資料を取り出して市教育長に提示した。その資料には、名護市の学力テストの過去数年間の比較や特徴点、弱点等を図表化して示している。県内各地区と名護市区との比較分析も行っている。彼らはそれらを示しながら丁寧に説明していった。市教育長も丹念に分析された資料を見て感銘を受けている。

私はこのような分析を踏まえて、私の思いを市教育長に伝えた。今回新たに学力向上推進室を設置する意義やこれから本格始動する学校訪問への理解と協力。そして、名護市独自の学力向上運動の取組や主体的な学校体制の構築等をお願いする。

特に、名護市教育委員会による積極的な市内の学校訪問をも強く懇願した。名護市教育長も私たち県教育委員会の熱意を受け止めて、学力向上運動を再構築していく決意を示してくれた。

6　県立教育事務所を激励する

名護市教育委員会の訪問を終えて、私は県立国頭教育事務所を訪ねた。事務所内の所長室に入ると、本日の学校訪問に同行してくれた事務所長に再度お礼を述べて、労をねぎらうと同時に、学力向上に従事している指導主事たちを呼び寄せた。集まってきた職員を前にして檄を飛ばした。内容は市教育長に話したことを、同様な観点から改めてお願いした。事務所長をはじめ、みんな真剣になって新たな決意を露《あらわ》にしてくれた。

帰路に就く専用車の中で、私は今後の展開に思いを馳せていた。本日の学校訪問は大成功であった。改めて、県教育長としての私が先陣を切って、学力向上運動の再構築を図る強い決意を示すだけでも、とても効果があり有意義に感じた。

私が足を運ぶというそれだけで何かが変わっていくような気がしてきた。市町村教育委員会所管の小学校に、県教育委員会教育長が学校訪問をするのである。その際、市町村教育委員会の担当指導主事が同行する。それに、県立教育事務所の所長や担当指導主事も同行する。十数名が一緒に行動するのは、確かにやり過ぎのような気がしたが、訪問する小学校を刺激するには十分であった。

私たちの訪問の様子は、口コミで地区内の全ての小学校にも伝わっていくだろう。それに今回のように、市町村教育委員会にも足を運ぶことができる。そこで、これから始まる推進室の学校訪問への協力依頼と、市町村独自の学校訪問や主体的な学力向上運動を鼓舞することができる。同様に、教育事務所の所長や担当指導主事にも火をつけることができるのだ。

県立教育事務所は県教育委員会の所管だ。その所長をはじめ担当指導主事たちは私の部下だ。彼らに、積極的な学校訪問や主体的な学力向上運動の再構築を、私自身の口から職命として発することができた。教育事務所には、これから本格始動する学力向上推進室員による学校訪問と緊密に連携するようにすることもできた。私の目的は学校意識の変革だ。全国最下位を脱するためには、全ての学校の意識を変えなければならない。その口火が切られたのだ。

7　県内各地区への学校訪問

次の日は、中頭地区を訪問することにした。午前中に二校、午後に二校の計四校だ。私自身としては、一日で五～六校ほど訪問したかったのだが、一緒に随行する推進室員による学力状況分析会を持つので、四校ぐらいが妥当であった。前回と同様に、推進室のメンバー、中頭教育事務の所長や同事務所及び市町村教育委員会の学力担当指導主事等が加わり十数名にもなった。学校訪問の内容はほぼ前回同様に行われた。

そして、しばらく間をおいて、那覇教育事務所管轄地区や島尻教育事務所管轄地区の小学校を見て回った。機会を設けて、宮古地区や八重山地区にも積極的に足を運んだ。これで、本県全ての地区を訪問したことになる。その他にも、私は機会があると、積極的に学校訪問を繰り返した。業務の都合上、午前中の二校で切り上げたり、午後だけの場合もあったが、なるべく学校訪問に全力を投入していた。

私と並行して推進室のメンバーが手分けして、学校訪問に踏み切っていた。もちろん、課長や室長が学校訪問の責任者として出発する。課長や室長は、ほぼ私と同じ役割を担った。それにしても、課長と室長の頑張りは特筆される。彼らは、このような訪問を「学校支援訪問」と称していた。私は、前任が県立総合教育センター所長でもあったので、この学校支援訪問に、可能な限り県立総合教育センターの指導主事たちを動員するようにと指摘した。そして、やはり可能な限り、所管の教育事務所・市町村教育委員会の担当指導主事等も参加させるよう促していた。

私はそんな彼らを執務室に呼んで、学校支援訪問の状況を報告させた。今後の学校取組に疑問が残るような学校も出てきた。どうやら、全てが全て順風満帆というわけにはいかないようだ。学校によっては、そんな彼らの訪問を望まないところもある。指導主事たちに授業を観察されるのを極端に嫌がる先生もいたりする。また、子どもたちの学力について、他人事のように無頓着な校長も時にはいるものだ。そのような学校には、課長や室長が丁寧に説明し激励してくれた。

8　多忙を極めた学力向上推進室

全国学力テストの分析結果によると、本県は無回答率及び正答率三〇%未満の児童生徒が、全国ワーストと突出していた。これは裏を返せば、本県の児童生徒は、授業において全国一落ちこぼれが多いということにほかならない。推進室が一番力を入れた点は、教師の授業力を高め、日々の授業において可能な限りこの落ちこぼれをなくすことであった。教師として何よりも原点であるこの授業力という点にこそ、全国最下位脱出の救いのカギがあることは言うまでもない。

学校訪問では、授業観察を通して、授業の構成、板書や発問等多角的な観点から徹底的に検証した。校長等には、学力向上に向けた本県施策はもとより授業の様子や独自に分析した多くのデータを活用しながら、確かな学力の育成に向けた全校体制での取組を提言している。

　学力向上推進室は、こと細かに学校支援訪問日誌を綴っていた。月曜日になると、私の許にその報告書が届けられた。それには、先週までに訪問した学校が、推進室員の訪問を受け入れる様子や、校長・教頭の取り組む姿勢、並びに授業での指摘事項、学校全体としての改善事項などが丁寧に記入されている。この日誌からも疑問が残るような学校には、課長や教育事務所長からも、激励するような電話を促したこともあった。

　彼らの頑張りには、私も感銘の気持ちを募らせていた。教育庁の主要課でもある義務教育課課長は多忙を極める。室長もそうだ。それに、指導主事も例外ではない。推進室に新たに二名加配されたとはいえ、従来の業務に学校訪問の仕事が加わっている。学校訪問に出ると、ほぼ一日をその業務に費やさざるを得ない。しかも、学校訪問には、訪問校の綿密な分析資料を提供するのに加えて、帰庁後に報告書の作成がある。それでも、彼らは手分けして訪問業務を精力的に遂行した。月曜日から金曜日までの五日間で、二〇～三〇校の学校訪問をこなしているのだ。今、当時を振り返って見れば、倒れる人も出ないでよく頑張ってくれたと感謝せざるを得ない。

　私は業務上、土・日曜日に出勤することも多々あったのだが、そんな折に、推進室を覗いたりしていた。ここでまたびっくりする。課長や室長はもとより推進室のメンバーほとんどが業務に勤しんでいる。働き方改革が叫ばれている今日にすれば、当然労基署等関係機関から厳重に注意されていたに違いない。こんな難儀な業務を不平一つもこぼさないで業務に邁進してくれた。私はそんな彼らを目の当たりにして、いつも感謝の気持ちを伝えていた。そして、「みなさんの苦労は決して無駄にさせない。絶対に全国最下位を脱出させてみせる」と、いつも私自身が決意を新たにするのであった。

9　大歓迎に変わった県教育長の学校訪問—不動とされた大きな山が動き出した

年が明けて二月頃になって、私が訪問する小学校の様子が変わり始めたことに気が付いた。私が訪問校に到着すると、校長、教頭たちが笑顔で出迎えるようになった。この学校訪問を始めた最初の頃は、私を出迎える校長、教頭たちは一様に緊張した面持ちで不安そうであった。それが、歓迎ムードに変わりつつあるのだ。ほとんどの訪問学校が「歓迎！　諸見里明県教育長」と立て看板を掲げている。私も嬉しさが募ったが、校長室での学校側の説明はさらに嬉しさを増幅させた。

ある校長は、にこやかな顔をしてこう話し始めた。

「諸見里県教育長が訪問に来てくれるのを心待ちにしておりました。本校では、今、学校総力を挙げて学力向上運動に取り組んでいるところです。職員会議でも、子どもたちの学習改善に向けて、学校が一丸となって取り組んでいくことを全職員で決意しました。校長の私も頻繁に授業参観を行っています。そして、参観後には、授業のあり方について徹底して話し合いを持ちます。近隣の学校に案内を出して公開授業を実施しましたし、授業研究会も行いました。取りこぼしのある児童には補習授業を行っています。家庭学習ノートもすでに作成して活用を始めています。

これまで実施された全国学力テストの過去問題も教育事務所の方から送られてきておりまして、宿題などを通して子どもたちの振り返りの学習に活用させているところです」

この説明に私は喜びを隠せなかった。授業でも、先生と子どもたちが目を輝かせて私たちを迎え入れてくれる。先生の発問に対して、ほとんどの子どもたちが一斉に挙手して発言を求めている。解答も実に歯切れが良い。子どもたちから、先生が解をうまく導き出している。板書の仕方も「めあて」を示してうまくまとめられている。

授業観察後の学力状況分析会では、校長、教頭や集まってきてくれた先生方が、口を揃えて、これからも子どもたちの学力を伸ばす努力を続けることを誓ってくれた。

さらに嬉しいことに、市町村教育委員会や教育事務所からも、教育長や所長を筆頭に担当指導主事たちも加わって、頻繁に学校訪問を実施していると言う。

学校によって若干の温度差は感じられるものの、一一月に学校訪問を開始した頃とは比較にならないほど、子どもたちの学力向上に対する学校の真剣さが伝播してくる。学校意識が確実に変わり始めているのが手に取るように伝わってくる。県全体という大きな山が明確に動き出しつつあるのだ。

10　学校意識が確実に変わり始めた

こうした学校意識の変革は、学力向上推進室から届けられる「学校支援訪問日誌」からも明らかであった。当初の頃にはいつものように課題として記されていた、教科書の使い方、発問のあり方、板書等の授業づくりや子どもたちの学力向上に対する学校全体としての取組方など、こうした一連の課題がかなり改善されている。「素晴らしい授業だった」とか「校長の取組方が素晴らしい」「学力向上に向けた熱意を感じる」のような表現が、随分と多くなってきている。

実はこの学校訪問に際して、当初から心配していたことが一つあった。それは、市町村教育委員会の管轄下にある小学校に、県教育委員会が出向いていくわけであるから、市町村教育委員会を不愉快にさせてしまわないかということであった。この点は、市町村教育委員会の理解を得られて感謝している。私たちの行動と連動するように、市町村教育委員会も積極的な学校訪問を展開してくれたし、教育長自身も積極的に学校指導に乗り出してくれた。むしろ、県教育委員会と連携して、「自分たちも頑張らねば」という雰囲気が醸成されていた。また、私たち県教育委員会による学校訪問と軌を一にして市町村教育委員会が主体性を発揮して独自の学力向上運動の取組を見せ始めてくれた。県と市町村が共通理解をして協働し始めていた。

学年度の最終月にあたる三月末頃までに、推進室による学校訪問は一二〇校を超えていた。私の学校訪問も三〇校を超えている。気になる学校には複数回訪問しているし、市町村教育委員会や教育事務所のメンバーも独自に学校訪問している。おそらく、県内全ての小学校（約二五〇校）が、推進室が設置された一一月から年度末の三月末までの間に、少なくとも二回以上は、多い学校では四～五回にわたり、何らかの支援訪問を受けていることになる。

第7章　全国最下位からの脱出

1　平成二六年度全国学力テストの実施―嬉しい反響

四月。平成二六年の新学年度がスタート。四月二二日には、第七回目となる全国学力テストが実施された。ついに運命の日が巡ってきた。その日は何となく落ち着きを失っていて業務も上の空であった。長い一日だったと覚えている。本県の全国学力テストの特徴として無回答率が高いことが挙げられる。何とか最後まで諦めずに、問題を解く努力をすることについても、学校訪問を通して何度も何度も、ことさらに強く指摘してきた。

「みんな最後まで頑張ってくれ」「わからない問題でも、最初から諦めようとせずに一生懸命取り組んでほしい」――神にも祈るような気持ちであった。

全国学力テストが全て終了した後に、市町村教育委員会と所管の教育事務所が連携して、各学校での解答状況を聞き取りして、推進室に報告してくれた。テスト終了から二日後になると、推進室のメンバーは、各教育事務所から情報収集した結果を私に報告しに来た。

その日は、課長・室長を先頭に二名の担当指導主事が付いてきて、私の執務室のドアを叩いた。入室して来たメンバーは、会議用テーブルの所定の席に座ると、待ち望んでいた全国学力テストの分析結果を報告してくれた。室長が解析した。「教育長。結論から言いますと、かなり良好です。どの学校でも無回答率がかなり改善されています。子どもたちが最後まで諦めずにテストに没頭していたと報告しています。まだ感触でしかないのですが、何とか全国最下位を脱出できそうな予感がします」

「全国最下位を脱出できそうだと言うのか〜！」。私はそう発すると、いつの間にか椅子から立ち上がり、隣に座している課長と室長に握手を求めた。

続けて質問した。「その良好という結果は小学校も中学校もそうなのですか？」。室長は「少なくとも小学校はかなり良好な結果になりそうです。中学校は、今回、学校支援訪問を行っていないので、自信がありませんが」

課長も室長も笑みを浮かべて嬉しさを表現していた。当初の取組から小学校に照準を合わせての学校訪問であったからだ。私は、まだ感触でしかないテスト分析ではあったが、いくつか質問を続けた。「各教育事務所からの分析報告だということだが、どこの教育事務所地区が良好で、良好でない地区もありそうなのか？」。その質問に対しても「嬉しいことに、どの教育事務所の感触もすこぶるいいのです。おそらくどの地区もいい結果が出せそうだと言うのです」。室長は興奮気味だ。

私は、いよいよ全国学力テストの本結果が出るのが楽しみになってきた。「よしっ。みんなありがとう。全国最下位からの脱出が確定するまで、今日の喜びは取っておこう」。みんな笑みを浮かべて明るく輝いている。

2　全国学力テストの結果通知の日

そして、八月下旬。文部科学省が各都道府県教育委員会の担当者を招集して、今回の全国学力テストの分析会を開催する日がやってきた。マスコミ等で報道される約一週間前のことだ。私にとっては、この日も長い一日のように感じた。

「いよいよ運命の日の到来だ。今日、全国最下位を脱することができるかどうかはっきりする」

心の中で「神様お願いです。全国最下位から脱するだけでいいのです。沖縄県の子どもたちに希望を与えてください。お願いします」とつぶやきながら拳を固く握りしめていた。

当時の私の心境は、全国最下位を脱するだけで良いという、その思いだけであった。総合で四五位か四六位でも十分だ。

その日の業務もやはり上の空であった。いくつかの課から、業務上の調整が入って来たのだが、その課の担当者が「教育長、この案の通りで進めてよろしいですか？」と問われる度に、私は、はっと我に返って「よしっ。この案で結構だ。頑張ってくれ」とこんな始末であった。この日は、文書に目を通して決裁するのを止めていた。どうしても文書に目を通す気になれないからだ。

午後三時過ぎ頃だったと思う。つかつかと足音を立てて、執務室に近寄ってくる気配を感じた。

「教育長、今よろしいでしょうか」。義務教育課長だ。彼は顔を覗《のぞ》かせながら、左手に資料を掲げて、右手でドアをノックをしている。私は、ついに来たかと、「どうぞ、よろしいですよ」と入室を促した。心臓の鼓動がドクドクと高鳴ってきた。義務教育課長に続いて推進室長と担当指導主事が二人して入ってくる。

3　全国最下位を脱出―悲願の達成「やったぞー!」

義務教育課長は深呼吸すると、大きく一声を発した。

「教育長、やりました!　ついにやりました」

私はびくっとするように大きく目を見開いて、その声の主である彼を捉えた。間髪を入れずに、彼は「全国最下位脱出を果たせます!」。隣に陣取った室長も大きな声で「全国最下位を脱出できます」と呼応するように続けた。

「な、なに〜っ。本当か!　全国最下位を脱出できるのか!」

その瞬間「やったぞ〜!」という私の大きな声が執務室内に響いた。教育庁全体にこだまするほどの大声だ。教育長に就任して、これほど大喜びしたことがあるだろうか。それほど無類の喜びを爆発させていた。私を見ていた義務教育課のメンバーも大喜びに変わっていた。三人とも私と同じように拳を握りしめてガッツポーズしている。私は率直に「君たちのおかげだよ。ありがとう」と、感謝とこれまでの労をねぎらった。三人とも破顔して頷きながら、固い握手を返してくれた。

気が付いたら、私の付き人の比嘉主査と女性の秘書も入室して喜んでいる。私たちの歓声が執務室外にも響き渡り、何事が起こったのだろうかと、入って来ていたのであった。

4　なんと全国二四位への大躍進

テーブルに腰かけると寸暇を置かずに、「さて、成績結果を教えてくれ」と詳細な報告を求めた。推進室長は、「わかりました」と小さく発すると、

「それでは、私の方から解析していきたいと思います。まず小学校の部、総合得点から始めます。小学校総合得点では、全国平均を超えていて、私たちの計算に狂いがなければ全国二四位になりそうです」

私は、この数値に驚嘆した。「なに～、二四位だと！　そんな……、まさかひゃ～……」と、体から絞り出すような声でつぶやいている。これまで六回連続全国最下位だった全国学力テストが、なんと、全国最下位を脱するどころか、全国でも中位の方に位置していることになる。私は、「ほんとにそうなのか？」と三人の顔をのぞき込んだ。彼らは三人とも「間違いないです」と、にこやかに答えてくれた。私は再度大声で「やったな～！　よくやった。本当によくやってくれた」と発すると、あらん限りの喜びを爆発させた。

みんなの喜びに囲まれる中で、私は次の瞬間に、ある不安が脳裏を横切った。何とも言いようのない複雑な気持ちであった。四七位という全国最下位から一気に二四位だ。これはもう大変な躍進だ。県民はどう思うのだろうか。マスコミはどういう表現で報じるのだろうか。まぐれに違いないとか、不適切な行為があったのでは、と疑心暗鬼にならないだろうか。全国の教育学者は沖縄県の

大飛躍をどう捉えるのだろうか。そしてそれよりも、来年度からが大変だ。来年度、再度全国最下位に陥ればどうなるのだろうか。いくつものこうした不安が一挙に錯綜して、怒涛のように押し寄せてきていた。胸が強く締め付けられている。激しい鼓動が波打っている。そもそも私自身が信じられないから、大きな不安に駆られたのだと思う。

5 快挙の報―教育庁幹部への報告

喜んでいる秘書たちに、両統括監や参事たち教育庁三役を集めるよう指示した。教育指導統括監とほぼ同時に教育管理統括監と参事が入って来た。私たちがとても嬉しそうに迎えている様子に、教育指導統括監も笑みを浮かべながら「ひょっとしたら、全国学力テストが全国最下位から脱出したのですか？」と目を大きく広げて尋ねてきた。当然彼らも、文部科学省からの全国学力テスト発表が今日であることを知っていた。

私は白い歯を見せながら、「全国学力テストで全国最下位を脱出しました」、そこまで言うと、もったいぶって、彼らを観察することにした。ちょっと意地悪だが、もうちょっと焦《じ》らせて、この比類なき嬉しさを少しでも長引かせたい、そんな心境でもあった。

果たせるかな。彼らは、私の口から出た「全国最下位脱出」という言葉を聞くと、教育指導統括監は、立ち上がって「本当ですか？　教育長、ついにやりましたね」と大声を発した。「やりましたね」「快挙ですね！」と大きな声で、教育管理統括監と参事も満面に笑みを浮かべて大声で喜んでいる。私に近寄って、右手を差し出してくる教育指導統括監を「もう少し話があるから、もうちょっと待って」と席に着かせた。握手を求めにきたのだろうと感じたが、全国での順位を知らせてあげてから、みんなと握手したかったからである。

6 「全国三〇位台はあり得ない」

再度意地悪そうに笑みを浮かべると、もったいぶってこう質問した。「ところで、全国何位になったと思う?」と。まず教育指導統括監が答えた。「全国四六位ではないですか」この返答に対して、義務教育課のメンバーは思わず吹き出していた。続いて、教育管理統括監は「四五位ですか。それとも四四位かなぁ?」と。みんなが大喜びではしゃいでいる様子に驚きながらも、参事は「まさか三〇位台は厳しいと思いますので、じゃあ四〇位ですか」と冗談めいて返答した。

「どうして、三〇位台では考えられないのですか?」と、参事に再度質問した。私と幹部たちとのやり取りをニコニコして眺めている義務教育課のメンバーを目の当たりにして、両統括監は参事の方をじっと見つめながら、この質問に対する参事の返答に興味を示していた。

参事は「三〇位というのは、まずあり得ない話だと思うのですが」ときっぱりと自信ありげに口を開いた。私は、直感的に当然だろうと思っていた。私自身が、まさか三〇位を切るなんて思いもよらなかったからだ。これまでどんなに努力しても全国最下位を脱し得なかった。四六位でもいいから、何としてでも全国最下位を脱出したかった。その強い思いが、三〇位台という選択肢をいっの間にか無意識に除外してしまっている。

参事の再度の返答を聞いてすぐに、推進室長が思わず「プッ」と吹き出してしまった。集まってきた幹部らは、何かとんでもないことが起こったのではないかと、私を見たり、義務教育課のメンバーを見たりと、目をキョロキョロし始めた。

「実は、二四位なのですよ」と、私は満を持したように、幹部らの方向を向いて話した。私のその言葉を聞いて、幹部らは一様にポカンと口を開けたままで、部屋中に静寂な空気が漂い始めた。

その時、教育指導統括監が何かを思い出したように大声で言い放った。

「教育長、勘弁してくださいよ。まさかでしょう?」

7 「本当に二四位なのですよ!」

彼とは、長い付き合いだ。このような状況下でも、私がいつも冗談を発して、みんなの笑いを誘っていたことを熟知している仲である。当然冗談だと思わざるを得なかっただろう。そんな教育指導統括監の言葉に釣られて、幹部たちは一斉に「やっぱり冗談だろう」という思いが募ったようで、解き放されたように笑い出した。それに釣られて私も笑い出し、執務室内に大きな笑い声が響いた。面白い光景であった。冗談だと捉えないと、この順位などは、受容しがたい状況であることを物語っていた。

幹部連中は、とにかく最下位を脱したことは良しとして、二〇位台まで躍進したという冗談によって、自分たちを騙そうとしていることに大喜びしている。そして、その対極に我々がいる。私たちは、三〇位どころか二〇位台まで躍進しているのに、それを本気で冗談だと考えている幹部連中の態度が、とても滑稽に思えて大笑いしているのである。お互いが手を叩き合って大喜びしている。私は、そんな幹部連中を見渡しながら、今度は神妙な面持ちで「本当に二四位なのですよ」と発した。私の言葉に呼応するかのように、義務教育課のメンバーが一人ひとり首を縦に振り始めた。推進室長が私に続いて、「本当に二四位なのですよ。間違いありません」

幹部連中は、目を見開きながら真剣な顔つきでみんなを見廻している。本県の子どもたちの学力状況を熟知していると自負している教育指導統括監は、放心状態に陥っているかのように見えた。沈黙が彼らを襲った。

8 「教育長！ やりましたね。おめでとうございます」

「教育長！やりましたね。おめでとうございます」。隣に座している教育指導統括監は椅子を立ち上がって私の方に身を乗り出すと、右手を差し出してきた。私も立ち上がって彼の右手をガッチリと握りしめると、何度も上下させて握手を続けた。しばらく快挙の報に酔いしれた後、私は、「それじゃあ、二四位となった今回の全国学力テスト結果を詳しく報告してください」と腰を下ろした。義務教育課長は、推進室長に全国学力テストの解析を促した。室長は、同行してきた担当指導主事に資料を配布するように指示した。室長からテスト結果が報告される。

「それじゃあ、始めます。私の方から解説していきたいと思います。まず小学校の部、総合得点から始めます。資料の一ページをご覧ください。小学校総合得点では、全国平均を超えていて、私たちの計算に狂いがなければ全国二四位になります」

9 「素晴らしい!」「したいひゃー!」

「国語Aの全国平均点は七二・九で本県はそれに若干及びませんが、七二・〇点です。全国では三二位となっています」

室長の言葉に、幹部連中は「へぇーっ!」「素晴らしい!」「したいひゃー!」(島言葉で「やったー」という表現)と称賛する声を漏らしている。

「全国と比較すると国語Aは全国三二位で、同じく国語Bも三二位となっております。算数Aとなりますと八〇・九で、全国平均七八・一を二・八ポイントも上回って全国六位に大躍進していま す。九州では第一位です。算数Bは三四位。総合で全国二四位になります」

特に算数Aの全国六位となると、「ほんとなの? 信じられない」と、思わず口にせざるを得なかった。

総合の順位が知らされると、みんな一斉に拍手が沸き起こった。本県の子どもたちは、学力においても決して本土の子どもたちに引けをとらない。そういう思いが結実したのだ。みんなのこうした強い思いが一丸となって、天祐《てんゆう》を招いたようにも感じていた。

10　涙に包まれた激励会

その日は、義務教育課推進室のメンバーと同課の幹部連中を交えて、居酒屋で激励会を催した。みんな勢揃いしたところで、室長が立ち上がって進行役をかって出た。室長は、まず始めのあいさつと乾杯の音頭を私に求めた。私は立ち上がると、義務教育課の幹部たちと推進室のメンバーに向かって「みなさん、本当によくやってくれました。ここまで、大変な苦労があったことはみんな知っています。心から感謝したい。みなさんがいなかったら、全国最下位からの脱出はとうてい不可能なことでした」と、これまでのご苦労に感謝の言葉を発した。

ちょうどその時、首を垂れて頭を下げている女性の指導主事の瞳から、光るものが溢れ出て頬を伝っている光景が目に入った。体が小刻みに震えている。一一月の室体制スタート時に、途中人事で学校現場から引き抜かれてきた有銘指導主事だ。未知の世界になる教育行政に異動させられて、大変な重責に身を預けてきた。全国最下位脱出という最重要課題の下に、来る日も来る日も、入念な分析資料を掲げて学校訪問に明け暮れ、学校意識の変革に身を投じてきた。土・日曜日等休日も心が休まる日はなかった。こうしたこれまでの心労が、一気に込み上げてきたのだろう。

それに釣られて髙木指導主事が手の甲で頬を拭いている。続いて何名もの指導主事が頬に涙している。両手で顔を覆って泣いているのもいる。

私も、得も言えぬほどに込み上げてくる熱い思いを必死になって呑み込み込もうとするが、こぼれる涙を抑えきれなかった。何名かの視線が私に注がれている。私は、我に返り気を持ち直すと、涙に唇を震わせながらも、グラスを片手に握りしめた。グラスを頭上に掲げはすれど、うまく言葉が発せない。胸に込み上げてくる熱い思いが、喉元を強く締め付けている。私のこの動作がさらにみんなの涙を誘ったようだ。何名もが感涙を流している。

しばしの間をおいて、グラスを持つ手に渾身の力を籠めると、やっと「カンパーイ」の声が出てきた。上ずったが何とか響いている。それに呼応して一斉に「カンパーイ」の声が飛び交った。小気味よい杯の音が勢いよく室内に響き渡った。みんな涙を潤ませながら、くしゃくしゃに顔を崩している。笑っているのか、泣いているのか、みんな不思議な顔立ちだ。しばらくの間、喜びと感動に身を埋めた。

11　大躍進をもたらしたものとは？

さらに間を置いて、私の前に座っている推進室室長が「教育長が推進室を立ち上げてくれたおかげです」と改めて私の方に杯を伸ばしてきた。私もカキンと音を立ててジョッキを合わせながら、「とんでもないよ。ここまで躍進してこれたのは、みなさん推進室のメンバーの働きのおかげだよ。ほんとにありがとう」と感謝の言葉を綴った。それから私は、義務教育課長にも改めて感謝の念を伝えた。義務教育課長と推進室長。二人は誠心誠意頑張ってくれた。この二人がいなかったら、この快挙はあり得なかったであろう。素晴らしいリーダーシップであった。

面白いことに、お酒が入ると、みんながそれぞれに今回の全国学力テスト躍進について自己流の分析を披露している。

まず、学校支援訪問が訪問校の先生方、児童・保護者をも一丸にさせて動かしていった、と室長は力説する。それを前提に、先生方の授業改善が進んで、授業づくりが功を奏した、と主張する指導主事がいる。家庭での宿題や予習・復習など帰宅後の学習を取り上げるのもいる。授業についていけない児童たちを集めての、放課後の補習体制を挙げる者もいる。全国学力テストの過去問に取り組んだのも良かったという声も聞こえる。

これまで一見しただけで、最初から諦めていた問題に対して、まずはやってみること。解こうとするその過程の中で「なぁーんだ、ここに解があるんだ！」と。こうした子どもたちのテストに取り組む姿勢が見違えるように変わった、という指摘が挙がった。さらに先生方の校内研修体制や公開授業の成果を唱えるのもいる。その日は、最終バス間近まで楽しい分析会が続いた。

12　全ては秋田県から学んだ

私は、帰りのバスの中で、先ほどまで議論の渦中にあった、ここまで飛躍した要因を一人で分析していた。先ほどの集まったメンバーがそれぞれに今回の全国学力テスト大飛躍の分析を披露していたのだが、それらは全て正しかった。その中の一つだけが飛躍の原因ではない。それらの要因が、複合的に作用し合って、学力の躍進に結実したのである。そして、私が最も確信したのは、確実に「学校意識」が変わったということだ。

これまで、どんなに鼓舞しようが学校は動かなかった。県教育委員会、市町村教育委員会がどんなに旗を振ろうが学校現場はなびかなかった。それがどうだろう。こうも変わったのである。今回の躍進は、県内の一部の小学校が変わっただけでは、とうてい成し得なかった。県内小学校全体の意識が変わらなければ不可能なことだ。その全ての学校意識の変革に成功したかけがえのない事例だとも言える。全国第二四位への大躍進こそ、その証左にほかならない。

この快挙は、当然ながら学校訪問だけで成し得たものでは決してない。『学力向上主要施策』・『夢にぬふぁ星プラン』の刷新、秋田県との人事交流、ブロック型研究会や総合教育センターの出前講座。さらに加えて市町村独自の取組である。歴代の県教育長たちが心血を注いだこうした大きな蓄積を背景に、今回の学校訪問が発火剤となり、まさに燎原の火の如く県全土に燃え広がり、教職員の意識を変えていったのは間違いない。

それにしても、秋田県からの惜しみない支援には言葉に尽くせないほど感謝している。全国最下位を喫した本県からの強い要請であった人事交流を快く引き受けてくれた。沖縄から派遣される教員はもとより、秋田県から本県に派遣されてくる教員から得られる功績も素晴らしい。それに本県から多くの視察団をも引き受けていただいた。秋田県から得た多くの経験が確実に活かされている。全ては秋田県から学んだと言っても過言ではない。心から感謝している。

帰宅すると、妻は、私の遅い帰りを待ちわびていた。今朝の出掛けに、全国学力テストの成績発表が本日中にあることを伝えていた。私は、迎えている妻の顔を見るや否や、「大変素晴らしい報告だ。全国学力テストが全国最下位を脱出した！」その言葉を聞くや「うわーっ。やったね～！」妻は大喜びであった。しかも、二四位ということに、やはりみんなと同様に驚嘆の叫びを発していた。

13 「全国学テ全国最下位脱出」―新聞紙第一面の大見出し

その一週間後八月二五日。全国学力テストの結果公表の日がやってきた。私は、起床するとすぐに新聞受けに向かった。新聞でどのように報道されるのか、一週間前からの最大の関心事であった。新聞を手にすると同時に、第一面に掲載された「全国学テ全国最下位脱出」の大見出しが目に入った。「したいひゃー、やたるむん！（島言葉で「よっしゃぁ、やったぞー」という意味）」待ちに待ちわびていた新聞の見出しだ。悲願としていたこの文字「全国最下位脱出」が、紙面一面・大見出しで躍動している。

私は、第一面に記載された見出しの記事のリード文に急いで目を通すと、急いで二面、三面、四面とパラパラとめくりながら、一通り最後の社会面までめくり終えて、全国学力テストに関する記事が数面にわたって掲載されているのを確認した。

嬉しかった。長い間待ち焦がれていた瞬間だ。ソファーに腰を下ろしてゆっくりと読もうとするが、涙が潤んできて活字がぼやけている。しばらくは感動に身を投じていた。

その日は、いつもの路線バスに乗り込むと、知り合いの県庁勤務の方が乗り込んできて、私と目が合うと、急ににこやかにして右手を差し伸べてきた。「やりましたね。すごいですね」と、とても爽やかな声だ。私も右手を差し出して握手を返した。「おめでとうございます」「ありがとう」新聞記事を目にしたと言ってきた。隣り合わせに腰かけている彼と目的地に着くまで、最下位脱出の取組に話題が弾んでいた。彼も大喜びであった。

14 県民の悲願の成就

庁舎に入って、エレベーター内で乗り合わせた部下が、「教育長おめでとうございます」と、にこやかにあいさつしてくれた。私は「ありがとう。本当に良かったね」と笑みを浮かべて返答すると、私たちのやり取りに乗り合わせた知事部局の方々も「おめでとうございます」と頬を緩めてあいさつしている。私も「ありがとうございます」と丁寧にお辞儀を返した。嬉しかった。この喜びは県教育委員会だけの専有ではない。県庁舎全部局員の喜びだと言っても過言ではない。

エレベーターを降りると、一三階を占める教育庁内全体が光り輝いているように感じる。希望があふれているように感じられるのだ。一年前の暗黒の漂う雰囲気とは天と地の差がある。教育庁内に暁光《ぎょうこう》が差し込んできたのだ。奈落の底から一転して、希望が噴き出してきたような感さえも浮かんだ。

執務室前で、比嘉主査が迎えてくれた。にこやかな口調で「新聞一面でしたね。県民大喜びだと思います。改めておめでとうございます」と頭を垂れた。私も「本当によかったね。素晴らしい。あなたにもご苦労を掛けたね」と返答して執務室に入った。

執務室机上には、県内新聞大手二紙が並べて置かれていた。私の調整役を兼ねている比嘉主査が気を遣ってくれていた。椅子に腰かけて、改めて新聞に載っている「全国最下位脱出」の記事に目を通すと、次第に気分が高まってくるのがわかる。

15　県内小学校では―最下位という屈辱から解放された瞬間

手にした新聞紙の一面を一通り読み終えたところで、私はしばらくの間、学校現場の子どもたちに思いを馳せていた。この大飛躍とも言える「全国学力テスト全国最下位脱出」のマスコミ報道を受けて、小学校ではこの快挙をどのように捉えているのだろうか。担任が自分のクラスの子どもたちを前に、新聞紙を片手に掲げて「最下位脱出」の朗報を伝えている光景が瞼に浮かんできた。

各学級で毎朝行われている朝の会（ショートホームルーム）において、担任は笑顔を見せながら子どもたちに話しかけている。

「みなさん、今日は素晴らしいニュースがありますよ。とても嬉しいニュースです。どんな素晴らしいニュースなのか知っている人いますか？」

数名の子どもたちが大きな声で「全国学力テストの全国最下位脱出！」と歓喜した様子で得意気

に叫んでいる。それにつられて、さらに何名かの子どもたちも「全国最下位脱出！」と囃《はや》し立てた。担任の掲げる新聞紙を児童たちが見つけると、「やったーっ！」「やったーっ！」と、「しかも、なんと全国二四位ですよ」、拍手喝采が怒涛のように激しくなっていく。

児童らは、全国学力テストにおいて、沖縄県がいつも全国で最下位だということを全員が知っていた。何年にもわたり全国最下位を脱出できなかったことも十分承知していた。ずっと四七位という屈辱に甘んじてきたのだ。

こんな状況を打破すべく、県や市町村の偉い人たちが何度も何度も学校を訪れるようになってから、学校の状況が一変し出した。先生や子どもたちが一丸となって学習に打ち込む姿が見られるようになった。授業につまずきがあったために、放課後に残されて学び直しをした児童が何名もいた。いつの間にか、家庭での宿題も頑張るようになっていた。算数を解くことのできる喜びも味わうようになってきた。これまでは一目見ただけで、「わからない」と、考えようともしなかった問題に、「ちょっと待てよ」、まずは問題を読んでみようと、一歩踏み込んで考えるようになった。そして、「何だ！　解けるじゃないか！」と解答に没頭していった。

児童たちの脳裏には昨年末からのこうした頑張りが、今花開いたことを実感している。自分たちの努力が報われた瞬間でもあった。自分たちもやればできるのだ。勉強だって本土の児童らに負けることはない。学力が全国最下位だという屈辱から、今まさに解放されたのだ。

16　学校全体が歓喜した—不可能という呪縛からの解放

ある学級の歓声が次の学級へと、そしてまた次の学級へ。しまいには全ての学級に連鎖的に波及し、学校全体が喜びで沸き立っている。一つの学校だけではない。県内全ての小学校が、歓喜に沸いているのだ。

全ての小学生たちが自信に満ち溢れている。「学習能力では本土の子どもたちには勝てない」という呪縛から解放された瞬間でもあった。

私は嬉しかった。特に何よりも嬉しかったのは、学習面においても、本県の子どもたちでもやればできるのだということ。頭の良さ悪さについては、他府県の子どもたちと比べても問題は微塵もない。これまで、やってこなかっただけなのだ。これが実証されただけでも今回の躍進の持つ意義は絶大であった。この快挙は子どもたちに自信をみなぎらせ、大きな夢と希望へと繋がっていく。

これまで、解く前に諦めていた問題に対して、自分で自分の壁を作ってしまっていたが、それに対して、チャレンジすることの大切さを学ぶことができた。これまで何かをしようとする時、決まって自分には能力がない、自分ではだめだ、そんな高い目標などもってのほかだと、できない理由の方が真っ先に来ていたような自分に対して、新しい自分を創る勇気を与えてくれる。

このように諦めないで解決を見いだそうとする姿勢は、将来の人生行路において大きな活路を切り開いていくに違いない。それこそが、人生を開拓する資質能力に繋がっていくのだ。成し遂げたという子どもたちの自信は、これから先、将来にわたってどれほどのパワーを秘めているのか。それは計り知れないほど大きな力を持っている。

17　私の思い―若者たちに不憫《ふびん》な思いだけはさせてはならない

それから、次に学校関係者の喜ぶ姿が目に浮かんできた。県内の小学校だけではない。幼稚園、中学校、高等学校、大学、専修学校等県内全ての学校関係者が、自分のことのように手放しで喜んでいるに違いない。その喜び方についても一つだけ確信していることがある。それは、驚きに満ちた喜びであろう。その驚きとは、最下位から二四位という大躍進なのだ。

沖縄県の子どもたちの学習能力が全国最下位にあるというのは、県民として屈辱にも近い思いを、これまでずっと募らせてきた。学校関係者にとって、県外で実施される研修会等で、学力の話題に触れる時にはいつも大きな引け目を感じることでもあった。「全国学力テスト全国最下位」という事実は、県内の学校関係者にとって決して他人事ではなかった。学力の問題は、どうにかしてでも脱却しなければならない大変な関心事であった。

県教育長としての私の思いは、ただ一つだけであった。本土に出て行く沖縄県の若者たちに不憫な思いだけはさせてはならない。それだけである。

そして、今回の躍進を通して次のことを確信する。教育者は絶対に見失ってはいけないものがある。それは、子どもたちへの希望である。この子たちはやればできる、絶対に伸びるという強い希望にほかならない。子どもたちにかける希望こそが、教育を成就させるのだ。

まさに、悲願の成就であった。学校関係者だけでもない。県民全体が歓喜に包まれているに違いなかった。県民全体が子どもたちの躍進に拍手喝采を送って止まなかった。

学力 沖縄24位躍進

小学算数A 全国6位

学テ、算数A6位

沖縄小学 全教科で最下位脱出

全国学力テスト県内小学生実績

	A	B	A	B
2014年度	32位	32位	6位	34位
2013年度	46位	47位	47位	46位

琉球新報、沖縄タイムス提供

エピローグ――エピソード

1　「全国四六位になったら」

今回の全国最下位脱出にまつわるエピソードには事欠かない。いくつか紹介しておこう。

全国最下位脱出のニュースが流れてから、二～三日後だったと記憶しているが、全国学力テスト文部科学省成績説明会場に出席した高木指導主事と懇談する機会があった。先に触れたように、文部科学省は、全国学力テストに係る各都道府県の成績発表を、しばらくの間まだ公表しないようにと予め縛りをかけたうえで、都道府県教育委員会等の学力テスト担当者を集めて行っている。その担当者会議に参加した高木指導主事はこう話している。

「説明会が開かれる前のことになるのですが、会場外においては各都道府県の担当者たちが三々五々とグループを作って、今回の学力テストについて立ち話をしているのです。

それを聞いていると面白いことを話題にしているのですね。何かと言いますと、ある集団は、『今回の全国学力テストはうちの県やばいですよ。この数年の下がり具合からしてみたら、全国四六位にならないか本当に心配しているのですよ』と話しているのです。その話題に対して、別の都道府県の担当者もこう続けているのです。『私のとこも今年は危ないですよ。ひょっとしたら全国最下位から二番目になりそうです』」

高木先生はにこやかな声で続けた。

「それから何名か立ち話をしているのですね。そこでも、『四六位』か、『あるいは最下位から二番目になったらどうしよう』とか、心配そうな顔をして雑談している。そんな話が耳に入ってくるのですね」

私はそれを聞いて目を丸くしながら、「おいおい。じゃあ、四七位の県って沖縄県のことなの？」と高木先生に問いかけた。「そうなのですよ」、高木先生は面白そうに私の質問に答えて続けた。「四七位とか、全国最下位というのは、どの都道府県にしてみても沖縄県が確固とした地位をキープしているのですね。ですから、全国でも下位グループに属する県では、沖縄県の次、つまり四六位か、あるいは全国最下位から二番目に来たらどうしようかと、本気で悩んで口にしているのです」

私は思わず苦笑せざるを得なかった。「じゃあ何か〜！　他都道府県からすれば沖縄県というのは、どうあがいても、全国最下位を脱却できないと、そういうふうに捉えているのか？」

2 文部科学省担当官──「おめでとう！」

高木先生は、得意気に続けた。「そうなのです。それよりももっと面白いことがこれから起こるのです」。私は、前のめりになって、高木先生の顔をのぞき込みながら続きの話に耳を傾けた。

「説明会議で配布された資料には、全国学力テストの試験科目ごとに、各都道府県の得点数が列挙されております。

文部科学省の担当調査官は、今回の全国学力テストの分析結果等を詳細に説明して、参加者たちからの質疑応答を一通り終了して当該会議を閉じるわけです。ところが、会議が終わるや否や、その担当調査官が、真っ先に私のところに駆け寄ってきて、私に握手を求めたのですね。普通、文部科学省の調査官ともなれば、都道府県の担当者たちが調査官の席にあいさつに行くようなことはあっても、自分から都道府県の一担当者の許に近寄ってくることは滅多にないことです。私がその調査官をよく知っていたからだとも思いますが、その時は、調査官自ら足早に私の席にやってきたのです。彼は、びっくりしている私に向けて右手を差し出してきました。明らかに握手を求めているのです。私は、恐縮しながら立ち上がり、姿勢を直立気味に保ちながら握手を返しました。調査官は私の右手を捉えると、力を込めてガッチリと握手してきました。それと同時に、大きな声で『おめでとう！』と、言い切ったのです」

高木先生は、強く関心を寄せている私に相槌を打ちながら続けた。

「私も驚きましたが、周りにいる各県の参加者たちは、さらにびっくりしたのだと思います。しかも、調査官は大きな声でこう言い切ったのです。『よく頑張りましたね。私達も支援した甲斐がありました。それにしてもすごいですね！』と。握手する調査官の右手は、再び力が入っていました」

3　蜘蛛の子を散らすように

「私も興奮気味にありがとう！と発してかなりの力を込めて握手に応じたのですね。後は互いに涙が溢れてきて言葉にならない声を出していました。その時、私の周りでこの摩訶不思議な光景を眺めているある県の担当者の一人が、こう言ったのです。『沖縄県が最下位脱出だって～？』と、つぶやくような声でしたが、はっきりと私の耳にも聞こえました。その時なのですね。それを聞いていた周りの担当者たちは、はっと我に返ったように、一斉に手元にある資料をめくりだしたのです。中には、資料をカバンにしまおうとしていた担当者も、慌ててその資料を再び取り出し、広げ直して資料をめくり始めたのですね。そういう光景が目に入ってまいりました。

当然私は、目の前にいる調査官から目を離すことができなくて、涙声で詰まらせながらも本年度の取組であるとか、全県を挙げてとにかく死に物狂いになって学力向上運動を展開したことを説明し始めました。

周りが慌てている様子などは、私が担当調査官とやり取りをしているその範囲内ではありましたがはっきりと感じました。調査官も今回の全国学力テストで、沖縄県が最下位を脱出したことには大変な興味関心を寄せておりまして、いくつか質問を受けたりもしておりました。

しばらく調査官と話し終えた後、私はおもむろに周りを眺めました。周りにいた各県の担当者たちは、資料に掲載された沖縄県の得点状況などを指でなぞって確認している様子なのです。それを確認し終えた頃だと思いますが、何名かの担当者たちの視線が私の方に注がれてくるのを感じました。ビンビンと視線が飛んでくるのですね。その後、急いで帰り支度を始めたのです。何か、大変なことになってしまった、というような、そんな様子でした。慌てて一人が去り、二人が去るのです。ついに私の周りは、全て帰り始めたのです。まるで蜘蛛の子を散らすように、この場から逃げ去るように帰り始めたのです」

4　沖縄県大躍進の波紋

私は、その光景が手に取るように瞼に浮かんできた。そして各県とも、沖縄県が全国最下位を脱したことに驚嘆する様子を思い浮かべて面白く感じていたのだが、複雑な感情も湧き上がってきた。その時、高木先生の顔がちょっと曇っているのも見逃さなかった。彼は視線を下に落としながら

「沖縄県が全国最下位を脱したことに、誰も祝意を示さなかったのです。

本来なら、よく知っている担当指導主事が何名もいることから、この人たちが『おめでとう』って言い寄ってくるのが普通ですよね。それが一人もいなかったのです」

と言い終えた後、上目づかいに視線を上げて寂しそうな顔つきで私を見つめ直した。私は、「そうだよね！」と、何度か頷《うなず》いてみせたが、やはり心境は複雑であった。各県にとって、今回の事態はそれほどショッキングな出来事であったに違いない。本県の得点状況をぱっと見ただけではあるが、四〇位でもないし、三〇位以内にあるのでは、と感じて驚嘆したに違いなかった。自県の得点より沖縄県が上位にある。驚愕の思いだと言ってもいいだろう。

沖縄県が順位をかなり上げていそうなことは、自分たちの県が確実に順位を下げていることになる。そして、各県とも、資料を持ち帰り、各県の教育長なり幹部レベルに沖縄県が最下位脱出どころか、かなり上昇したことを報告しなければならない。その時、自県の取組の弱さなりを指摘されるのだろうか。いずれにしても、そういう思いが怒涛のごとく押し寄せてきて、彼らの帰りを急かしたに違いなかった。

5 全国最下位県の悲惨さ

高木先生が私の部屋を出た後、沖縄県が全国最下位を脱したことは、各県にとってそれほどショッキングなことなのだろうか、ということに思いを馳せていた。とにかく、沖縄県が定番として最下位に位置している間は、どの県でも全国最下位を免れていたのだ。それが、怪しくなってきた。どの県にも全国最下位に脱落する可能性が生じてきたのだ。

そして、今回、沖縄県に代わって全国最下位となってしまったある県を考えざるを得なかった。

今頃、大変な騒動になっているはずだからだ。当該県の新聞紙は、おそらく「全国学テ・全国最下位」を一面で取り上げるに違いないから。なぜそうなってしまったのか。原因は何であろうか。自分の県の子どもたちの学力が全国最下位だという、この最悪の事態を思い知ることになるはずだから。当該県の新聞は、この件について一斉に連載を組むに違いない。県教育長どころか県知事なども動き出して、対策に追われざるを得ないはずだから。県議会での追求も大変なことになるだろう。昨年は、某県が一科目だけでも沖縄県に抜かれてしまって、全国最下位になった時のその県知事の怒りは烈火の如くであったという。そんな状況が浮かんできた。

全国最下位となったその県は、これから沖縄県が味わってきた劣等感意識が首をもたげてくるに違いない。そういう思いが駆け巡り、私は「フーッ」と大きなため息をついた。

ここで再び、全国学力テストの大きな負の側面が炙り出されて浮き上がってきた。やはり、全国学力テストの順位付はやるべきではないと思う。幸い、文部科学省は平成二九年度全国学力テストから小数点以下の点数を公表しない方針が示された。しかしながら、それでも全国最下位県は特定される。全国最下位になった県の悲惨さ、あるいは悲哀さだと表現しても良い。その現実を、文部科学省はもっと知っておくべきなのだ。私の心境はさらに複雑さを増していた。

6 沖縄県転勤者への朗報

全国二四位への大躍進を喜んだのは、教育関係者だけではなく、県民全体にも波及していた。そんなある日、ある県内企業に勤める重役の方から話を伺う機会があった。その方は、こう切り出した。

「全国学力テストが全国最下位から脱却できて心から喜んでいる。特に、本土から沖縄県に転勤して来る方々にとっても、素晴らしいニュースになる。どうしてかと言うと、本社から沖縄勤務の辞令が下りた場合、単身で赴任するのか、家族一緒に沖縄に転勤するのかどうかで、大事な家族会議になるのだそうだ。

議論となるのは、特に小学生くらいの小さなお子さんがいる場合だ。転勤が決まった父親の方からは、家族揃って沖縄に移住したいと提案するのだが、まず、決まって難渋する。奥さんの方から、子どもたちを連れて家族一緒に転住するのに反対されるという。問題となるのが、沖縄県の子どもたちが全国最下位の学力だということにある。奥さんの論理では、『あんな低学力の子どもたちが通う学校に転校したら、一流大学になんてとうてい入れないでしょう。あなたの仕事のせいで子どもの夢を犠牲にさせないでよ』。こうした理由で、単身赴任になることが多いのだということを本土から沖縄に転勤になった方々が口にする」

このこともやはり衝撃であった。学力全国最下位の状況は、至るところに影を落としていたのだ。

7　大躍進の波紋—沖縄県へ学校訪問団の続出

全国学力テスト二四位への大躍進は、嬉しい副産物をもたらした。沖縄県の小学校を視察する学校関係者の方々の数がかなりに膨らんだことだ。全国最下位の定番であった沖縄県が、どのようにしてこんなに飛躍できたのか。ぜひ、この目で確かめたい。子どもたちの授業や先生方の指導力を確認したい、とする動きである。

全国学力テストで全国最下位が続いていた頃は、本土の学校関係者から沖縄県内の学校教育の様子を視察したいという要望など、まず聞いたことがなかった。おそらく、学力レベルが低いうえに、海を隔てた沖縄県にまで学校視察なんて、思いもよらなかったに違いない。どうせなら、全国上位を保持する秋田県など東北・北陸地域を視察するのが当然だろう。

それがどうだろうか。本県が今回、最下位を脱したというニュースが各県に広まるにつれ、全国から本県視察の問い合わせが相次いだ。

本土からの視察者たちが一様にびっくりするのが、本県小学校の授業展開にあった。教師も子どもたちも全国最下位を脱したこと、しかも、それが故に、わざわざ本土から自分たちの授業を見にきていることなど、こうしたことはかなりの自尊心をくすぐってくれる。自己肯定感を格段に高めてくれる。授業に臨むモチベーションも沸き立ってくる。これらは、複合的に絡み合い、授業の成否を決定する先生と子どもたちの相互関係・一体感を醸成する。

訪問団を目の当たりにして、背筋を伸ばして整然と腰かけている子どもたち。先生が教卓に登壇して「これから、算数の授業を始めます」と発すると同時に、日直の声が響く。「気をつけ、礼！」子どもたちが声を揃えて一斉に「よろしく、お願いしまぁす！」と、元気あふれる声が教室内外に響き渡る。

先生の授業の導入、昨日の授業のおさらい、ポイントを押さえて、本時のめあて等が示される。テンポの良い授業が展開されていく。丁寧に要所要所をまとめた板書力もかなり上達している。一つの例題を基に、子どもたちへの問いかけが始まる。子どもたちが一斉に手を挙げ始める。みんなが、先生の発問に対して自分なりの考えやその根拠を披露したがっている。一人の子どもが指名されて解答を試みる。その解答に対して、先生によるさらなる問いかけが展開される。正答や誤答を問わず、先生の解の引き出し方が絶妙だ。子どもたちにつまずきがあれば、それこそ先生の出番だ。どうしてつまずきが出たのか。それを子どもたちへのさらなる発問を通して、本時の授業の要諦へと絞られていく。全員が授業に引き込まれている。

8　一変した小学校の授業風景―「主体的・対話的で深い学び」

私が、県教育長に就任して三年目となる頃は、県内小学校への学校訪問では、どの学校でもこのように対話的な授業風景が見られるようになっていた。実際、授業を見ることのできる学校関係者や退職した元小学校校長の方々は、「ここ最近で、小学校の授業が見違えるほどに変わった」と口を揃えて言う。

私が一番感心したのは、発問の仕方、子どもたちからの問いの引き出し方である。こうした授業展開は、学校訪問を開始した直後からすれば、かなりの変容ぶりだ。当時を振り返ってみても、黒板への板書を中心とした一斉授業からすれば格段の進展が見られる。

当然のことながら、先生方にとってこのような授業展開が可能になる資質が、学校訪問を開始しただけで、つまり、一朝一夕で身に付くとは思えない。先にも触れたが、県立総合教育センターの指導主事たちによる年間千回をも超える出前講座・授業研究をはじめ、県教育委員会と市町村教育委員会が精力的に開催したブロック型研究会、公開研究授業、学校独自の自主的な校内研修等多くの土台が揃っていたことである。教育庁の学校訪問が発火材となり先生方の授業力向上に火をつけたのである。

最近では、聞きなれてしまったアクティブ・ラーニングという授業方法だが、こうした問いを生み子どもたち自らが探求する授業が、当時の沖縄県ですでに息づいているのを感じた。振り返れば、文部科学省が新学習指導要領の要諦に据える「主体的・対話的で深い学び」を先導的に実践していたとも言える。

思うに、教育を意味するEducationの本来の用語（ラテン語）を見ても明らかなように、教育とはTeach（教える）するというよりも、Educate（引き出す）する点に重点を置かなければならないから、当然のことでもある。

9　学校訪問が成し得た大きな成果

全国最下位を脱した頃には、県内のある新聞では、小学校では全国学力テストの過去問ばかりをやらされているような記事が掲載されたりしたが、そんなことは決してない。そういうことよりも、学校の意識の改革と授業改善に主眼を置いた、学校支援訪問が成し得た成果であり、それを具現化したのが前述の授業展開なのだ。この点は、本県子どもたちの学力向上のために、あれほど苦労を惜しまなかった教育庁義務教育課・学力向上推進室の名誉のためにも、是が非でも強調しておきたい。

また、教室後方の棚の上には、「家庭学習ノート」がずっしりと並べられている。その中の数冊を手にしてみると、子どもたちが、家庭でやっている宿題がびっしりと綴られている。それを担任が一つひとつ赤線を入れて丁寧に指導しているのがわかる。家庭学習もすっかりと根付いてきた。この点も、感動を覚えざるを得ない。

私は、常々、学力向上運動と家庭学習は相互補完関係にあることを訴えてきた。小・中学校の校長会でもことさらに強調した点だ。予習・復習に重点を置いた家庭での学習習慣が伴わない限り、学力向上運動とは絵に描いた餅に過ぎなくなる。この点は、学力向上運動の要石と位置づけてもよい。

家庭学習の奨励は、私が生涯学習振興課を拠点にして「家《やー》なれー運動」（注）を立ち上げた理由の一つでもある。ただ、「家なれー運動」は、それよりも大きな教育的な意義を包含するものであったが。

本土からの、県内学校訪問者はこうした「沖縄型学習」に触れて感嘆の声をあげていく。このような訪問者の反響が伝播していって、さらなる訪問者を呼び寄せていく。統計こそ取ってないが、おそらく各県からの訪問団体数は、私が県教育長在職時で年間百件を下らないものと思料している。

※注　家庭教育の重要性を標榜して県民運動に繋げようとした教育施策。幼少の頃からの家庭でのしつけや基本的な生活習慣の涵養、家庭学習の奨励等多岐に及ぶ。「家習《やーなれー》ーる、外習《ふかなれー》ー」（島言葉で、家庭での習い事が外出でのかがみになる）という沖縄の格言から「家なれー」運動と名付けた。

〈参考資料〉

参考のために、現在（令和元年度）沖縄県が取り組んでいる学力向上施策を掲載する（ＨＰにも掲載）。

一　学校支援・授業改善支援

（一）　学力向上学校支援事業（Ｈ25～）

㈠学校支援訪問

本書で紹介されている学校訪問である。平成25年度途中から事業化された。学校の授業観察や校長等との懇談を通して、学力向上マネジメントおよび授業改善の促進を図る。年間延べ２００校を訪問予定。

㈡学校運営アドバイザーの派遣事業

高い指導力を有する退職管理職を「学校運営アドバイザー」として各地区に配置し、校長等への助言を通して、学校の取り組みを支援する。

（二）　学力向上推進室訪問（Ｈ27～）

学力向上推進室が、効果的な取組みをしている学校の情報を収集し、それを県内小・中学校へ波及させていくもの。21校を予定

（三）　教員指導力向上事業（Ｈ24～）

㈠文科省学力調査官招聘による授業研修事業

小・中学校の国語教諭を対象に、それぞれの授業改善研修（理論・実践）を図るために学力調査官を招聘して行う研修会。

㈡ブロック型研究会

近隣小・中学校（ブロック）の授業改善に携わる教員がグループをつくり、指導方法および授業改善を図るために年間数回程度行う分散型研究会。

（四）授業改善推進教師配置事業

㈠授業改善アドバイザー配置事業

教科指導に卓越した教諭を「授業改善アドバイザー」として委嘱し、近隣学校・市町村の教師の授業力向上や児童生徒の確かな学力の定着を推進する。

㈡授業改善リーダー配置事業

教科指導に優れた教員を「授業改善リーダー」として配置し、配置学校の授業改善全般を担当し、児童生徒の確かな学力の定着を推進する。

（五）秋田県との人事交流事業（H21〜）

平成二一年度より、原則として小・中学校で1名ずつの教員を相互派遣している。本書にて紹介されているように、派遣教諭との交流により新しい指導観や教育観を取り入れ、学校教育の振興を図る取組。

二　調査分析支援

（一）Ｗｅｂ活用授業改善支援事業（学力向上Ｗｅｂシステム）（Ｈ25〜）

㈠単元調査

生徒の単元の学習状況を客観的に把握することで、教師の授業改善や迅速な生徒の学習指導に繋げるなど、短期的なＰＤＣＡに活かす調査。

㈡学力定着状況調査（小学校：国語・算数、中学校：国語・数学）

児童生徒の学習の定着状況を把握し、その結果の分析から各教科における授業改善の取組、児童生徒の学力向上に活かす調査。

（三）学力到達度調査（Ｈ２〜）

小学校三〜六、中学校二年生を対象に主要教科の当該学年までの知識・技能や活用する力などを把握する。その結果の分析・公表を通して、個々の学習状況を揃えたり、各学校の実践計画を振り返るなどを目的とした調査。

おわりに

「教育とは、人を創ることであり、夢を創ることであり、未来を創ることである」

これは、私が県教育長在任中に掲げたキャッチフレーズである。教育の持つ限りない可能性を標榜したものでもある。教育の持つ大きな機能の一つが子どもたちに夢と希望を育むことにある。夢と希望こそは、人間を常に高みのステージへと導いてきた道標であった。私たち教育者も絶対に失ってはならないものがある。それは、子どもたちに掛ける希望である。

読者の方にはおわかりだと思うが、本書ではあえて触れていないことがある。それは、本県中学校の全国学力テストはまだ全国最下位のままであることである。しかし、それを解決する方法は本書にて詳細に示されている。中学校では小学校のようには学校意識がまだ変革し切れていないのである。

末尾になり恐縮ですが、学事出版の花岡萬之副社長には、本書の出版にあたって、構成や編集等についいて多大なご尽力をいただきました。衷心より感謝を申し上げます。ありがとうございました。

〈著者紹介〉
諸見里　明（もろみざと・あきら）
1956年生まれ。沖縄県八重瀬町出身。法政大学入学後立教大学へ編入学。明治大学大学院修了。沖縄県立水産高等学校を皮切りに県立高校、県教育行政職を歴任。県立名護商業高等学校校長。県立豊見城南高等学校校長。県教育庁保健体育課課長、同県立学校教育課課長、同教育指導統括監、県立総合教育センター所長、沖縄県教育委員会教育長。現在、昭和薬科大学附属高等学校・中学校校長。

学力テスト全国最下位からの脱出
沖縄県学力向上の取組み

2020年４月15日　初版第１刷発行

著　者――諸見里　明©
発行者――安部　英行
発行所――学事出版株式会社
〒101-0021　東京都千代田区外神田2-2-3
電話03-3255-5471
http://www.gakuji.co.jp

編集担当　花岡　萬之
編集協力　川田　龍哉
印刷・製本　精文堂印刷株式会社

ISBN978-4-7619-2633-5 C3037　2020 Printed in Japan
落丁・乱丁本はお取替えします。